伝わる
英語スピーチ &
プレゼンテーション

How to Inform, Persuade, and Engage Your Audience Effectively

佐伯 卓哉
Takuya Saeki

Kurosio
くろしお出版

はじめに

「伝える」から、「伝わる」英語スピーチ・プレゼンへ

皆さんは、こんな経験はありませんか？

「英語は間違えていないはずなのに、メッセージが伝わっていない気がする…」
「一生懸命準備したのに、聞き手の反応がいまひとつ…」

私は英語教育に携わるようになってから、多くの授業でスピーチやプレゼンテーション（以下、プレゼン）を取り入れてきました。受講生たちは、これまでに学んだ英語の知識を駆使して原稿を作成し、発表時には聞き手とのアイコンタクトを意識するなど、形式的には優れたプレゼンを行っていました。しかし、伝えたい内容が効果的に伝わっていないと感じることも少なくありませんでした。実社会において、スピーチやプレゼンは意思決定や行動喚起といった重要な場面で用いられるため、この「伝えているのに伝わらない」という問題は、皆さんにとって将来大きな機会損失となり得ます。

この問題に対処するために、私は受講生のプレゼンを何度も視聴し、分析し、たくさんの関連書籍を読み、原因を探りました。その結果、書き言葉と話し言葉の違いを理解していなかったり、意味のまとまり（チャンク）を意識した話し方ができていなかったり、文字の多いスライドで要点が分かりにくかったりなど、様々な原因が浮き彫りになりました。これらに対処するために、授業では新たな活動やタスクを導入し、受講生のスピーチ・プレゼンは着実に向上していきました。

本書は、これまでの授業での試行錯誤と、受講生の反応や同僚の先生方のフィードバックをもとに作成されました。英語スピーチ・プレゼンの基本的な要素（構成、英語表現、発声法、ジェスチャーなど）に加え、より「伝わる」ための技術に重点を置いています。正しい英語を話すだけでは不十分であり、聞き手に理解・納得・共感してもらうためには、情報を分かりやすく説明し、説得力を高める技術（レトリック）や、聞き手の興味を惹くスキルが不可欠です。本書では、効果的な始め方（フック）や言葉に豊かな表現を与えてくれる修辞技法、聞き手の興味を維持するストーリーテリングの手法など、類書ではほとんど扱われていない様々なテクニックについて学ぶことができます。また、緊張を和らげるコツや魅力的なタイトルの作り方など、実践的なアドバイスも豊富に取り入れています。

本書を通じて、皆さんが聞き手に「伝わる」ための具体的なテクニックやスキルを学び、より高いレベルで英語スピーチ・プレゼンができるようになることを願っています。最後に、本書の出版にあたり、終始ご尽力くださいましたくろしお出版の堀池晋平さんに深く感謝申し上げます。

2024 年 8 月
佐伯卓哉

Contents

Part 1: 伝わる英語スピーチ

Lesson 01　スピーチ・プレゼンテーションの基礎知識

Lesson 02　聞き手を惹きつける始め方

Lesson 03　伝え方の王道「PREP 法」

Lesson 04　共感を得るストーリーテリング

Lesson 05　伝わる話し方とジェスチャー

Part 2: 伝わる英語プレゼンテーション

この本をお使いになる方へ

全体の構成

　本書は 10 レッスンで構成されており、大きく 2 つのパートに分けられます。Lesson 1 〜 5 では、説得力のあるスピーチをするために必要な知識とスキルを学びます。これらのレッスンで得たことを活かして、スピーチ「My Three Reasons」に挑戦しましょう。Lesson 6 〜 10 では、効果的なプレゼンテーションをするためのテクニックや実践的な方法を習得します。10 回のレッスンを通して学んだことを基に、プレゼンテーション「A Solution That Matters」に挑戦しましょう。

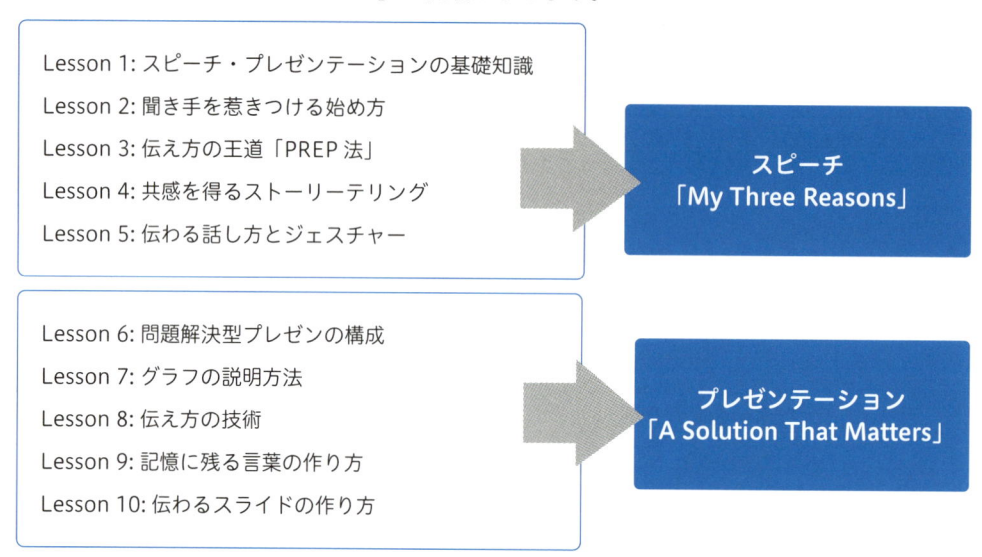

Lesson 1: スピーチ・プレゼンテーションの基礎知識
Lesson 2: 聞き手を惹きつける始め方
Lesson 3: 伝え方の王道「PREP 法」
Lesson 4: 共感を得るストーリーテリング
Lesson 5: 伝わる話し方とジェスチャー

→ **スピーチ「My Three Reasons」**

Lesson 6: 問題解決型プレゼンの構成
Lesson 7: グラフの説明方法
Lesson 8: 伝え方の技術
Lesson 9: 記憶に残る言葉の作り方
Lesson 10: 伝わるスライドの作り方

→ **プレゼンテーション「A Solution That Matters」**

各レッスンの構成

　本書の各レッスンは、次のような構成になっています。

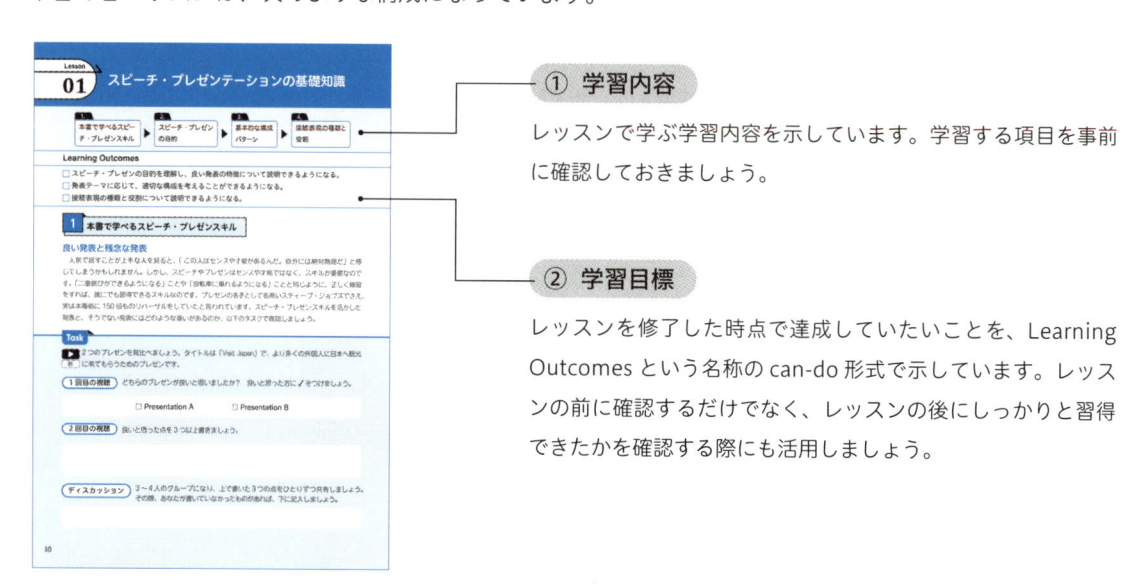

① 学習内容

レッスンで学ぶ学習内容を示しています。学習する項目を事前に確認しておきましょう。

② 学習目標

レッスンを修了した時点で達成していたいことを、Learning Outcomes という名称の can-do 形式で示しています。レッスンの前に確認するだけでなく、レッスンの後にしっかりと習得できたかを確認する際にも活用しましょう。

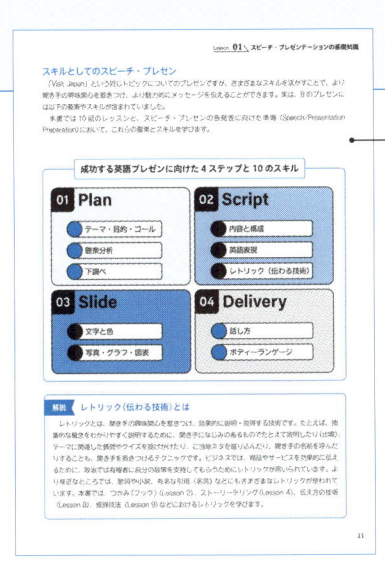

③ 解説

学習内容についての解説をしています。下のタスクを行うために必要な内容ですので、しっかりと確認しましょう。

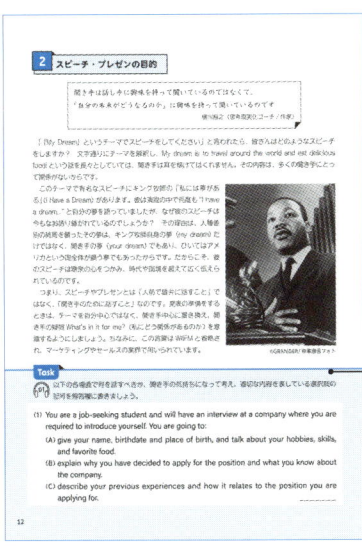

④ Task

解説で学んだ内容の理解を確認したり、話し合ったり、実際に発表したりします。個人で行うタスクや、グループで一緒に行うタスクがあります。

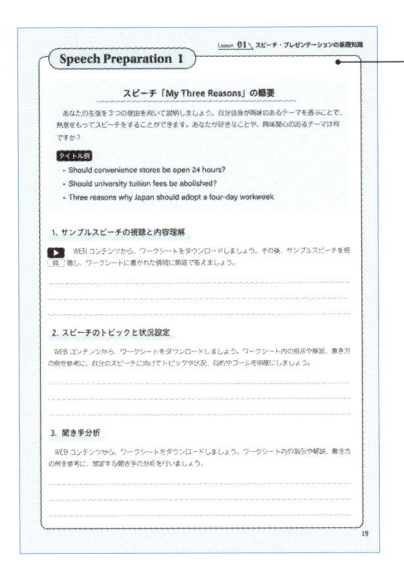

⑤ Preparation

各レッスンの最後には、Preparation のセクションがあります。Lesson 1 〜 5 の Preparation では、スピーチ「My Three Reasons」の準備を行い、Lesson 6 〜 10 の Preparation では、プレゼンテーション「A Solution That Matters」の準備をします。

サポートページ／教授用資料などについて

サポートページについて

本書で紹介している音声や動画、外部リンクなどは、本書のサポートページにてご利用いただけます。

▼本書のサポートページ

https://www.9640.jp/books_984/

▼パスワード

presenSS84 　※すべて半角英数字で正確に入力してください。

サポートページのコンテンツは、図書館の館内または館外貸し出しなどで、本書を一時的に利用する方もお使いいただけます。

解答や解説について

テキストという性質上、本書には解答や解説は付属していません。ただし、本書をテキストとしてご採用の先生には、解答や解説を含む教授用資料をご提供します。

教授用資料について

本書をテキストとしてご採用の先生には、教授用資料をご提供いたします。下記のウェブページから詳細をご確認のうえ、お申し込みください。

https://www.9640.jp/books_984/teacher

Part **1**

伝わる英語スピーチ

Lesson 1 から Lesson 5 では、説得力のあるスピーチをするための知識とスキルを学習します。構成や英語表現などの基礎的な知識に加えて、聞き手を惹きつけるためのスキルを習得し、説得力のあるスピーチを目指しましょう。

スピーチ・プレゼンテーションの基礎知識

| 1. 本書で学べるスピーチ・プレゼンスキル | ▶ | 2. スピーチ・プレゼンの目的 | ▶ | 3. 基本的な構成パターン | ▶ | 4. 接続表現の種類と役割 |

Learning Outcomes

- □ スピーチ・プレゼンの目的を理解し、良い発表の特徴について説明できるようになる。
- □ 発表テーマに応じて、適切な構成を考えることができるようになる。
- □ 接続表現の種類と役割について説明できるようになる。

1 本書で学べるスピーチ・プレゼンスキル

良い発表と残念な発表

　人前で話すことが上手な人を見ると、「この人はセンスや才能があるんだ。自分には絶対無理だ」と感じてしまうかもしれません。しかし、スピーチやプレゼンはセンスや才能ではなく、スキルが重要なのです。「二重跳びができるようになる」ことや「自転車に乗れるようになる」こととと同じように、正しく練習をすれば、誰にでも習得できるスキルなのです。プレゼンの名手として名高いスティーブ・ジョブズでさえ、実は本番前に 150 回ものリハーサルをしていたと言われています。スピーチ・プレゼンスキルを活かした発表と、そうでない発表にはどのような違いがあるのか、以下のタスクで確認しましょう。

Task

▶ 2つのプレゼンを見比べましょう。タイトルは「Visit Japan」で、より多くの外国人に日本へ観光
01 に来てもらうためのプレゼンです。

(1 回目の視聴) どちらのプレゼンが良いと思いましたか？　良いと思った方に ✓ をつけましょう。

　　　　　　　　□ Presentation A　　　　　　□ Presentation B

(2 回目の視聴) 良いと思った点を 3 つ以上書きましょう。

(ディスカッション) 3 〜 4 人のグループになり、上で書いた 3 つの点をひとりずつ共有しましょう。その際、あなたが書いていなかったものがあれば、下に記入しましょう。

スキルとしてのスピーチ・プレゼン

「Visit Japan」という同じトピックについてのプレゼンですが、さまざまなスキルを活かすことで、より聞き手の興味関心を惹きつけ、より魅力的にメッセージを伝えることができます。実は、B のプレゼンには以下の要素やスキルが含まれていました。

本書では 10 回のレッスンと、スピーチ・プレゼンの各発表に向けた準備（Speech/Presentation Preparation）において、これらの要素とスキルを学びます。

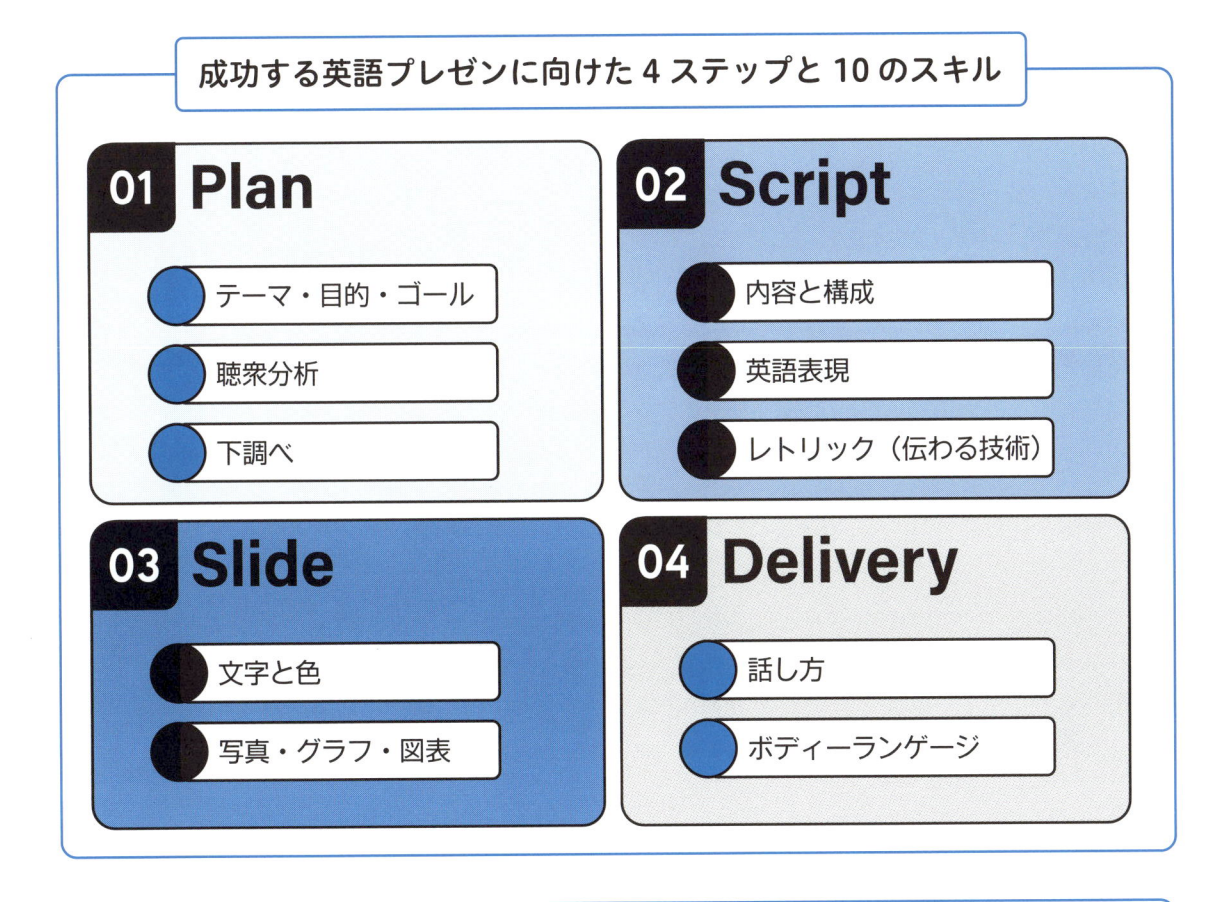

成功する英語プレゼンに向けた 4 ステップと 10 のスキル

01 Plan
- テーマ・目的・ゴール
- 聴衆分析
- 下調べ

02 Script
- 内容と構成
- 英語表現
- レトリック（伝わる技術）

03 Slide
- 文字と色
- 写真・グラフ・図表

04 Delivery
- 話し方
- ボディーランゲージ

解説 ▶ レトリック（伝わる技術）とは

レトリックとは、聞き手の興味関心を惹きつけ、効果的に説明・説得する技術です。たとえば、抽象的な概念をわかりやすく説明するために、聞き手になじみのあるものでたとえて説明したり（比喩）、テーマに関連した質問やクイズを投げかけたり、ご当地ネタを盛り込んだり、聞き手の名前を呼んだりすることも、聞き手を惹きつけるテクニックです。ビジネスでは、商品やサービスを効果的に伝えるために、政治では有権者に自分の政策を支持してもらうためにレトリックが用いられています。より身近なところでは、歌詞や小説、有名な引用（名言）などにもさまざまなレトリックが使われています。本書では、つかみ（フック）(Lesson 2)、ストーリーテリング (Lesson 4)、伝え方の技術 (Lesson 8)、修辞技法 (Lesson 9) などにおけるレトリックを学びます。

> 聞き手は話し手に興味を持って聞いているのではなくて、
> 「自分の未来がどうなるのか」に興味を持って聞いているのです
>
> 横川裕之（思考現実化コーチ / 作家）

「『My Dream』というテーマでスピーチをしてください」と言われたら、皆さんはどのようなスピーチをしますか？　文字通りにテーマを解釈し、My dream is to travel around the world and eat delicious food! という話を長々としていては、聞き手は耳を傾けてはくれません。その内容は、多くの聞き手にとって関係がないからです。

このテーマで有名なスピーチにキング牧師の「私には夢がある」(I Have a Dream) があります。彼は演説の中で何度も "I have a dream..." と自分の夢を語っていましたが、なぜ彼のスピーチは今もなお語り継がれているのでしょうか？　その理由は、人種差別の終焉を願ったその夢は、キング牧師自身の夢（my dream）だけではなく、聞き手の夢（your dream）でもあり、ひいてはアメリカという国全体が願う夢でもあったからです。だからこそ、彼のスピーチは聴衆の心をつかみ、時代や国境を超えて広く伝えられているのです。

つまり、スピーチやプレゼンとは「人前で雄弁に話すこと」ではなく、「聞き手のために話すこと」なのです。発表の準備をするときは、テーマを自分中心ではなく、聞き手中心に置き換え、聞き手の疑問 What's in it for me?（私にどう関係があるのか）を意識するようにしましょう。ちなみに、この言葉は WIIFM と省略され、マーケティングやセールスの業界で用いられています。

©GRANGER/ 時事通信フォト

Task

 以下の各場面で何を話すべきか、聞き手の気持ちになって考え、適切な内容を表している選択肢の記号を解答欄に書きましょう。

(1) You are a job-seeking student and will have an interview at a company where you are required to introduce yourself. You are going to:

（A）give your name, birthdate and place of birth, and talk about your hobbies, skills, and favorite food.

（B）explain why you have decided to apply for this position and what you know about the company.

（C）describe your previous experiences and how it relates to the position you are applying for.

(2) You are a hard-working student, but you are late in submitting an assignment. You are going to talk to your teacher to request a deadline extension. You are going to:

（A）talk about how much effort you have put into completing the assignment.

（B）explain how the extra time will improve the quality of your assignment and learning experience.

（C）promise that you will never be late in submitting an assignment again.

_____

(3) You are a salesperson who is trying to sell a new product to potential customers. You are going to:

（A）illustrate the features and detailed specifications of the product.

（B）explain how much it costs and how long it took to make the product.

（C）highlight the benefits of the product and how it can solve their problems.

_____

3　基本的な構成パターン

　構成といえば、私たちが小学校で学ぶ「起承転結」があります。詩や物語でよく用いられる構成で、特に「転」ではピンチや予期せぬ対立などが起こり、ストーリーを魅力的なものにしてくれます。しかし、プレゼンでは必ずしも「転」があるわけではありませんし、二転三転と話が展開し、複雑でわかりにくい説明になってしまうこともあります。「起承転結」は物語を作成するときに用いられる構成のひとつと捉えるとよいでしょう。

　より一般的な構成として「序論（Introduction）・本論（Body）・結論（Conclusion）」があります。序論で話題を提示し、本論で具体的な内容を説明し話題を発展させ、結論で内容をまとめます。たとえば、「日本の魅力」というテーマで発表をする場合、以下のような構成が考えられます。なお、以下の例では、それぞれ1文しか示していません。このように、各段落の要点を簡潔にまとめた文をトピック・センテンスと呼びます。実際のスピーチやプレゼンでは、それに肉付けをして段落を作成します。

	段落	例
序論	話題の提示	日本の魅力についてお話しします。
本論	具体例①	美しい自然（桜や紅葉、温泉）があります。
	具体例②	伝統的な文化（祭り、着物）を体験できます。
	具体例③	美味しい料理（寿司、ラーメン）があります。
結論	まとめ	日本は訪れるべき魅力あふれる国です。

それぞれの型を確認し、各段落のトピック・センテンスを適切な順番に並べ、記号を解答欄に書きましょう。

（1）サブトピック型

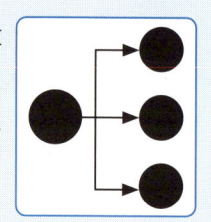

　ひとつの大きなトピックを複数のサブトピックに分けて構成する代表的な型です。大きなトピックをサブトピックごとにまとめることで、情報が整理され、聞き手は各項目の内容を理解しやすくなります。上で確認した、「日本の魅力」という大きなテーマを、「自然」「文化」「料理」というサブトピックに分けた方法も同様です。

タイトル例　What you need to know when you choose a university

🎧 02　Should all physical books be digitized?

(A) In addition, digitization enables readers to explore an entire library with just one device, promoting continuous learning and productivity.

(B) To conclude, digitizing books improves accessibility, portability, and preservation.

(C) In this era of technological advancements, I believe that all physical books should be digitized.

(D) Lastly, digitization helps protect content for future generations and contributes to environmental sustainability.

(E) First of all, converting physical books into digital format would make knowledge accessible to everyone, regardless of where they live or how much money they have.

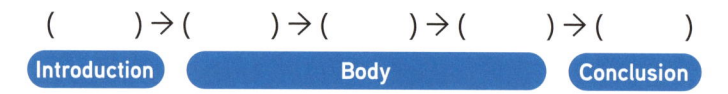

(　　　) → (　　　) → (　　　) → (　　　) → (　　　)

Introduction　　　　　　　Body　　　　　　Conclusion

（2）時系列型

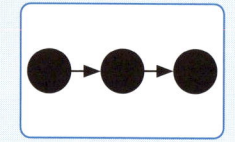

　出来事を時系列に並べて説明していく型です。時間の流れに沿って情報を整理することで、聞き手は物事の経緯や関係性を理解しやすくなります。進捗状況や歴史上の出来事を説明するときだけではなく、プロセス（たとえばレシピや組立方法）を説明する際にも使われます。

タイトル例　The development of artificial intelligence

🎧 03　How babies acquire a language

(A) When they are ready, they start to acquire receptive language skills to understand meanings.

(B) Babies go through many stages of language development in a specific order.

(C) Following receptive skills, they begin using simple words and expanding their vocabulary.

(D) Initially, they use natural abilities called prelinguistic skills to prepare for language learning.

(E) As such, parents and the environment play important roles in supporting and fostering babies' language development.

( )→( )→( )→( )→( )

Introduction　　Body　　Conclusion

(3) 問題解決型

解決案についてプレゼンをする際に用いられる型です。プロジェクトや政策提案、コマーシャルなどのビジネスシーンで多用されます。解決案を提示する前に、現状の問題を聞き手と共有しましょう。さらに、問題の原因について言及することで解決案の妥当性を高めることができます。

タイトル例 ▶ How can we make our school even better?

 04 **A solution to a smartphone addiction**

(A) One of the solutions to deal with excessive smartphone use is to add tools and features to smartphones that allow users to control how much they use their phones.

(B) Excessive smartphone use causes a variety of concerns, including lower productivity, sleep disruptions, and mental health issues.

(C) I believe this solution will help people address smartphone addiction and promote a healthier lifestyle in today's digital age.

(D) To achieve this, it is important for smartphone makers, app creators, and mental health experts to work together.

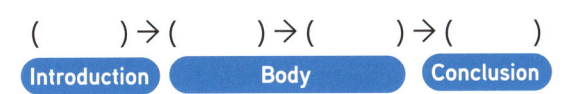

( )→( )→( )→( )

Introduction　　Body　　Conclusion

(4) 比較対照型

2つ以上のものを比較し、それらの類似点や相違点などを示す際に用いられる型です。商品やサービスの比較、競合他社との比較、過去と現在の比較などさまざまな場面で用いられます。

タイトル例 ▶ The differences between high school and junior high school

🎧 05 Cats or dogs?

(A) When it comes to care requirements, cats are known to be low-maintenance pets, while dogs demand more attention and care.

(B) Regarding companionship, cats and dogs have different ways of interaction: while cats bring a sense of relaxation, dogs are very good at creating strong emotional connections.

(C) Both cats and dogs have their own unique qualities and characteristics, and the choice between them depends on an individual's lifestyle, preferences, and level of commitment.

(D) Let us compare cats and dogs in terms of their characteristics, care requirements, and the types of companionship they offer.

(E) In terms of temperament and behavior, while cats are known for their independent nature, dogs are known for their loyalty and sociability.

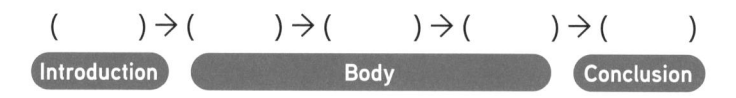

(   ) → (   ) → (   ) → (   ) → (   )

Introduction   Body   Conclusion

Task 2

上で確認した 4 つの型のいずれかを用いて、英語で自己紹介をしましょう。その際、以下の説明や例を参考にしましょう。

サブトピック型

自分の性格や価値観、趣味や特技、目標や夢など自分を形成する要素を 3 つにまとめて紹介しましょう。

例 Three things that make me who I am

時系列型

幼少期から現在に至るまでの経験を振り返ったり、さらに将来の目標に向けた今後のプランなどを時系列順に話しましょう。

例 My journey to becoming a system engineer

問題解決型

これまでに直面した最大の課題と、それをどのように解決したかを語りましょう。

例 How I overcame my greatest challenge

比較対照型

自分の強みと弱みについて、具体例を挙げながら話しましょう。

例 My strengths and weaknesses

自己紹介例（比較対照型）

Hello, everyone! My name is Ken Okada, and I'm a second-year student majoring in education. I'd like to share a bit about my strengths and weaknesses.

One of my strengths is that I work really hard. For example, last semester, I took many difficult classes and also had a part-time job, and I still achieved a GPA of 3.8! I do my best in everything, whether it's schoolwork or other activities.

However, I also have some weaknesses. The biggest one is that I'm too much of a perfectionist. One time, I had to finish a report but spent too much time on minor details. This made it hard for me to complete other important tasks. Now, I am trying to set more realistic goals and remind myself that it's okay not to be perfect all the time.

Thank you for listening to my self-introduction. I'm looking forward to getting to know you all better.

自己紹介のメモや原稿（　　　　　　　型）

4 接続表現の種類と役割

　右の図のように、地図アプリは現在地から目的地までの最適ルートを示してくれる便利なツールです。さらに、「このまま 5km 直進です」や「400m 先、目的地は左手にあります」など、ドライバーが迷うことないよう正確に目的地までの道順を案内してくれます。

　スピーチやプレゼンでも同じです。聞き手を迷子にさせてはいけません。話の構造を明確にすることで、聞き手は流れを理解しやすくなります。新しいセクションに移行するときや、聞き手の注意を促したいときなどに以下の表現を取り入れましょう。

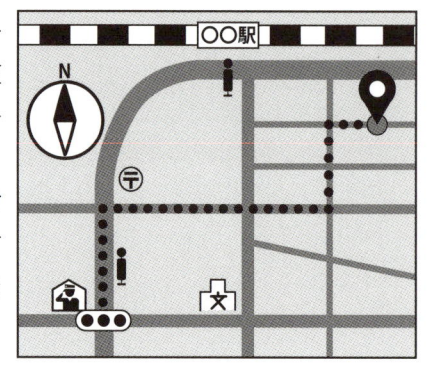

サインポスト

　スピーチやプレゼン内で、情報の流れや構造を示すための表現です。セクション間の連結として使用されることが一般的です。なお、セクション内の連結（トランジション）は、Lesson 3 で確認します。

表現例

- First, / Second, / Third, / Finally, / Lastly, など
- The first reason why…
- Let's move on to the second point.
- In conclusion,

インターナル・プレビュー

　各セクションの冒頭で、そのセクションの内容を短く伝えることで、流れが明確になり、内容をより深く理解してもらうことができます。

表現例

- In the next section, we'll cover…
- Next, we'll be looking at…
- Now that we've discussed X, let's shift our attention to Y.

インターナル・サマリー

　各セクションの最後、またはスピーチやプレゼンの途中で、すでに述べた情報を簡潔にまとめましょう。また、重要な点は key point や takeaway などの表現で聞き手の注意を引きつけましょう。

表現例

- So far, we've discussed…
- To recap what we've covered so far,
- In summary, the key point here is that…
- What I'd like you to remember here is…

Speech Preparation 1

スピーチ「My Three Reasons」の概要

あなたの主張を3つの理由を用いて説明しましょう。自分自身が興味のあるテーマを選ぶことで、熱意をもってスピーチをすることができます。あなたが好きなことや、興味関心のあるテーマは何ですか？

タイトル例

- Should convenience stores be open 24 hours?
- Should university tuition fees be abolished?
- Three reasons why Japan should adopt a four-day workweek

1. サンプルスピーチの視聴と内容理解

▶ 02 WEBコンテンツから、ワークシートをダウンロードしましょう。その後、サンプルスピーチを視聴し、ワークシートに書かれた質問に英語で答えましょう。

2. スピーチのトピックと状況設定

WEBコンテンツから、ワークシートをダウンロードしましょう。ワークシート内の指示や解説、書き方の例を参考に、自分のスピーチに向けてトピックや状況、目的やゴールを明確にしましょう。

3. 聞き手分析

WEBコンテンツから、ワークシートをダウンロードしましょう。ワークシート内の指示や解説、書き方の例を参考に、想定する聞き手の分析を行いましょう。

Lesson 02 聞き手を惹きつける始め方

1. 序論の基本構成	▶	2. 心をつかむ始め方「フック」	▶	3.「読みたい」を引き出す本の紹介

Learning Outcomes

☐ 序論の基本的な構成について説明できるようになる。
☐ フックの役割と種類について説明できるようになる。
☐ 序論の構成とフックを用いて、聞き手を惹きつける本の紹介ができるようになる。

1 序論の基本構成

Lesson 1 では、スピーチやプレゼン全体の構成を確認しましたが、今回は序論の構成を確認していきましょう。一般的に、序論は右の図の流れで構成されています。まず、フック（つかみ）で聞き手の興味関心を惹きつけ、トピックに関する背景知識を説明し、話の目的と大まかな流れを示します。

フック  釣り針で魚を捕らえるように、フックで聞き手の興味関心を惹きつけましょう。

背景知識 本論で話す内容を理解してもらうために、前提となる情報を説明しましょう。

主張  序論の最後では、スピーチの目的や主張（thesis statement）、流れ（preview）を示しましょう。

Task

 序論の構成を確認しながら、以下の英文を並べ替えましょう。その後、ペアやグループで答えを確認し、音声を聞きましょう。

(A) This system is used in many countries around the world, including the United States, the United Kingdom, and Singapore.

(B) In my speech today, I will argue that Japan should introduce the skip-grade system to give students the opportunity to learn at their own pace and reach their full potential.

(C) This is possible with a skip-grade system, which allows students to skip a grade level if they demonstrate mastery of the material.

(D) However, it has not been implemented in Japan.

(E) Imagine a world where students can learn at their own pace and advance to the next grade level when they are ready.

(　　) → (　　) → (　　) → (D) → (　　)

2 心をつかむ始め方「フック」

> You have about 30 seconds to get the audience interested in what you have to say. If that doesn't happen, anything else you do afterwards will soon be forgotten.
>
> （最初の 30 秒で聞き手の興味を惹きつけることができなければ、その後に何を言っても忘れられてしまうだろう。）
>
> Ken Downer, Leadership Specialist

　人と初めて会うときの第一印象が重要であるように、スピーチやプレゼンの出だしは特に重要です。あなたのスピーカーとしての印象だけではなく、発表全体の印象に大きな影響を与えます。しかし、多くの人は、Hello, everyone. My name is... Today, I'm going to talk about... のような決まり文句で始めてしまっているのが現状です。聞き手に興味を持ってもらえるつかみをしっかり考え、この部分は特に念入りに準備をしましょう。以下の 5 つは、フックの代表的なテクニックです。

1．ストーリー

　テーマと関連のあるエピソードや見聞きした話をしましょう。スタンフォード大学のジェニファー・アーカー教授の研究によると、ストーリーは事実の羅列に比べ、22 倍も人の記憶に残りやすいことが明らかになっています。ストーリーを冒頭で用いることで、テーマの土台を作ることができるだけではなく、聞き手の感情や想像力を刺激し、印象的な発表にすることができます。

2．質問や想像喚起

　冒頭で質問を投げかけ、聞き手の関心を惹きつけましょう。また、Please imagine... から始め、聞き手に具体的なシナリオを想像してもらうことで、話題に対する興味や好奇心を刺激することができます。なお、質問はよく使われるフックであるため、ありきたりな質問をしてしまうと、かえって退屈な印象を与えてしまうので注意が必要です。

3．衝撃的な内容

　驚くような事実や数字、あまり知られていない衝撃的な情報を冒頭で伝えることで、聞き手の興味関心を惹きつけましょう。特に社会問題について発表をするとき、事態の深刻さを表す数字を冒頭で伝えれば、聞き手と共通の問題意識をもって話を進めていくことができます。

4．メリット

　聞き手は貴重な時間を割いて、あなたの発表を聞きに来ています。声にすることはありませんが、多くの聞き手は「このスピーチやプレゼンを聞くことで、何が得られるのか」という自分にとってのメリットを最優先に発表を聞いています。導入部分では、聞き手にとってのメリットを明確に示しましょう。

5．写真や動画

　クイズ番組では「まずはこちらの映像をご覧ください」と言ってクイズに入ることがあります。前問とは異なる内容でも、参加者は映像を通じてクイズの前提を理解することができます。この手法はプレゼンにも応用可能です。A picture is worth a thousand words.（1 枚の写真は 1000 語に値する。なお、日本語では「百聞は一見にしかず」と訳される）ということわざがあるように、写真や動画を用いることで聞き手の興味関心を惹きつけるだけではなく、言葉以上の情報を短時間で正確に伝えることができます。

　これら 5 つのフックは単独で使うこともできますが、組み合わせることでより効果的に聞き手を惹きつけることができます。適切に組み合わせてインパクトのあるフックを作りましょう。

▶ これから、スピーチ・プレゼンの導入部分の動画を視聴します。以下、(1) 〜 (5) のテーマについて、
03-07 それぞれどのフックが用いられているか選びましょう。

(1) What can we do to help animals?

☐ ストーリー　　　☐ 質問や想像喚起　　　☐ 衝撃的な内容　　　☐ メリット　　　☐ 写真や動画

(2) Keys to success

☐ ストーリー　　　☐ 質問や想像喚起　　　☐ 衝撃的な内容　　　☐ メリット　　　☐ 写真や動画

(3) Can we end poverty?

☐ ストーリー　　　☐ 質問や想像喚起　　　☐ 衝撃的な内容　　　☐ メリット　　　☐ 写真や動画

(4) The importance of reading

☐ ストーリー　　　☐ 質問や想像喚起　　　☐ 衝撃的な内容　　　☐ メリット　　　☐ 写真や動画

(5) Five AI tools that can change your life

☐ ストーリー　　　☐ 質問や想像喚起　　　☐ 衝撃的な内容　　　☐ メリット　　　☐ 写真や動画

参考　フックの実例

 以下の TED Talks（各分野の専門家や著名人などによるスピーチ）の冒頭部分を参考に、これ
らのフックが実際のプレゼンでどのように使われているのか確認してみましょう。

1. **ストーリー**
   - The power of vulnerability – Brené Brown
   - Grit: The power of passion and perseverance – Angela Lee Duckworth

2. **質問や想像喚起**
   - 10 ways to have a better conversation – Celeste Headlee
   - 3 things I learned while my plane crashed – Ric Elias

3. **衝撃的な内容**
   - Got a meeting? Take a walk – Nilofer Merchant
   - Teach every child about food – Jamie Oliver

4. **メリット**
   - Your body language may shape who you are – Amy Cuddy
   - Why people believe they can't draw – Graham Shaw

5. **写真や動画**
   - Underwater astonishments – David Gallo
   - How I use art to tackle plastic pollution in our oceans - Alejandro Durán

3 「読みたい」を引き出す本の紹介

本の紹介の構成

　がっかりするかもしれませんが、多くの場合、聞き手は話し手が思っているほど、話に興味をもっていないものです。聞き手の中には、自分の意志で参加したのではなく、やむなくそこに座っている人も多くいます。そのような聞き手にも興味をもってもらうための効果的な方法は、メリットを示すことです。「この発表を聞くことで、こんなメリットがあります」ということを示すことができれば、聞き手は興味を示してくれるでしょう。以下のタスクで、メリットを用いた導入部分の構成を確認しましょう。

Task 1

08 09 以下2つの英文は、プレゼンに関する本の紹介です。AとBの音声を聞いた後、どちらの方が「読みたい」という気持ちになったかをペアやグループで意見を共有しましょう。

> **A** With so much information in today's world, presentation skills are becoming more and more important. Presentation skills refer to the ability to convey one's opinions and ideas to others in an easy-to-understand manner. This book explains the knowledge and skills of presentation, and I recommend reading it.

> **B** Do you want to give presentations confidently and effectively? If so, this book is right for you. The author analyzed over 100 successful presentations and found seven secrets that these speakers have in common. They're powerful but simple enough for you to use in your next presentation. I believe you'll find them beneficial and see positive results.

Task 2

Task 1 で選んだ文章では「フック→本の背景情報→メリット」という構成が使われています。それぞれの区切れにスラッシュ（/）を書き込みましょう。

原稿の作成と発表

Task 3

10 あなたの好きな本について、聞き手が「その本、読みたい」と思うように英語で紹介してください。次の例も参考にしながら、空所にメモや原稿を書きましょう。その後、グループになり発表しましょう。特定の本が思い浮かばない場合は、好きな映画やドラマ、アニメや歌について紹介してください。

例 紹介する本：『雑草はなぜそこに生えているのか　弱さからの戦略』

フック	What is your impression of weeds? I think many of you have the idea that weeds are tough plants that will grow back even if you pull them out. However, the truth may not be what you imagine.
本の背景情報	The book I'd like to introduce to you today is『雑草はなぜそこに生えているのか』. It describes what weeds are in detail, and I was surprised to learn the amazing strategies they use to survive. Weeds are actually very weak, and they use many functions to thrive.
メリット	You may be thinking "I'm not interested in weeds!" But, wait a second. The life of weeds is similar to that of human beings. Their strategies can be applied to our lives as well. If you are not sure how to live your life, this book could be your guide!

紹介する本：

フック	聞き手の興味関心を惹きつけましょう。たとえば、睡眠の質についての本を紹介する場合、Have you ever felt that you're getting enough sleep, but you're still tired?（質問）や、世界最短と言われている日本人の平均睡眠時間を示す（衝撃的な内容）などのフックが考えられます。
本の背景情報	聞き手の関心を惹きつけた後、本の背景情報を説明しましょう。本のあらすじ、著者の説明、本を購入した際の自身の状況や心境などが背景にあたります。また、前ページ B の例で示した「100 以上のプレゼンを分析した」といった苦労話や、特異性（例：世界で最も長期間に及ぶ研究をまとめた）、権威性（例：〜賞を受賞した）、同調性（例：〜万部売れた）、希少性（例：部数限定）などに言及することも効果的です。
メリット	紹介する本の内容がどのように聞き手の役に立つのかを明確に伝えましょう。「このプレゼンを聞くことで、こんなメリットがあります」という伝え方や「これを知らないと、損します」という損失を回避しようとする人間の心理を活用して伝えることも効果的です。

24

Speech Preparation 2

下調べと内容構成

　次ページの解説を参考に、自分のスピーチに向けて下調べをし、以下の内容構成を英語で作成しましょう（WEB コンテンツからワークシートをダウンロードすることもできます）。

トピック：

自分の立場： For　／　Against

Reason 1	（一文で簡潔に） .
	メモ（根拠となるデータや具体例など、自由に記入）
Reason 2	.
	メモ
Reason 3	.
	メモ

1. 下調べ

　発表するテーマについてほとんど知らない場合は、まず概要をわかりやすく理解するために、テレビやインターネット上の記事や動画などの媒体から広く情報を得ましょう。さらに、本や新聞、論文などの体系化された資料なども読み情報を収集しましょう。しかし、「関連するもの全部読まなきゃ」とプレッシャーに感じる必要はありません。高校生や大学生であれば、他の教科の課題やテストもありますし、時間は有限です。必要な情報だけをハンターのように狙って下調べをしましょう。スピーチ「My Three Reasons」で必要な情報は、テーマの概要と自分の主張を裏付ける理由とその根拠です。ここでは、情報の取捨選択はせずに関連する内容は書き留めておきましょう。

2. 内容構成

　下調べをした後、特に重要だと思う理由を3つ選びましょう。3つの理由を並べる際は、適当に並べるのではなく、以下のポイントを考慮して並べましょう。

論理性やつながりを意識して並べる

　たとえば「Three reasons why students should study abroad」というスピーチで、「将来の可能性の拡大」「視野の広がり」「語学力の向上」を理由として説明するとき、どのような順番で並べますか？　多くの皆さんが以下の順序で説明するのではないかと思います。

　理由①「語学力の向上」
　理由②「視野の広がり」
　理由③「将来の可能性の拡大」

　まず、「語学力の向上」は最も一般的な理由であり、留学前の準備や留学中に当てはまる理由です。そして、留学中は語学だけではなく、異なる文化や価値観に触れることで「視野の広がり」を得ることも期待されます。さらに、留学を通して得た語学力や視野の広がりは、「将来の可能性の拡大」につながります。このように、これら3つを独立した単体の理由としてではなく、論理性の糸で結んであげることが重要です。

重要度が高い順で並べる

　3つの理由に論理性やつながりがない場合はどうすれば良いのでしょうか？　たとえば「Three reasons why Japan should introduce ride-sharing services」というスピーチをするとします。下調べの結果、最も重要な理由として「タクシーより安価」、2番目に重要なものとして「乗車前の料金確認」、3番目に重要なものとして「ドライバーの評価システム」ということがわかりました。これら3つの間に明確なつながりは見えにくいので、そのまま重要だと思う順に並べましょう。

　理由①「タクシーより安価」
　理由②「乗車前の料金確認」
　理由③「ドライバーの評価システム」

印象に残りやすい順で並べる

　もし、それぞれの理由が同程度に重要で明確な論理性がない場合はどのように並べればよいのでしょうか？　たとえば、外国人に向けた「Three reasons why you should visit Japan」というスピーチで、「美

しい自然」「美味しい料理」「伝統的な文化」の３つについて説明するとします。それぞれの内容につながりはないので、どの順番に並べても問題ありませんが、以下の図を意識すると、より聞き手の印象に残るプレゼンにすることができます。

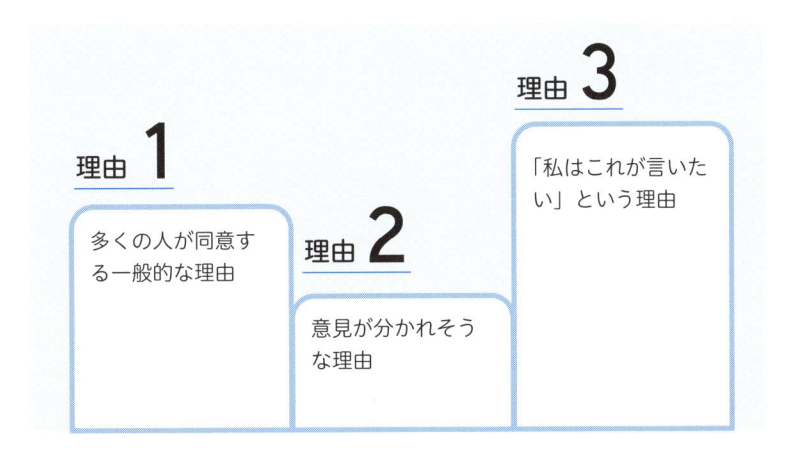

この図をもとに著者がプレゼンをするなら、

理由①「美しい自然」
理由②「伝統的な文化」
理由③「美味しい料理」

という順番にします。まず、最も伝えたい理由③から考えます。私が最も熱意をもって話すことができ、かつ外国人が興味をもってくれそうなトピックは「食」です。和食だけではなく、ラーメンや串カツ、安くて美味しいお店などを紹介するでしょう。次に、理由②として「伝統的な文化」を選んだのは、文化を楽しむためには、その国や地域の歴史や背景を理解する必要があるからです。日本を訪れる外国人が日本の歴史に興味があるとは限らない（意見が分かれる）と考えました。そして、多くの聞き手が同意する理由①として「美しい自然」を選んだのは、日本といえば富士山という印象が強いからです。この順序に正解はありません。登山が好きな人は理由③が「美しい自然」になりますし、アニメが好きな人は理由③が「伝統的な文化」になるでしょう。

　この構造のメリットは、理由②と理由③の差を生み出すことで、理由③が際立ち、記憶に残りやすい印象的なプレゼンになるということです。クライマックス法（要点や最も重要なことを最後に話す手法）を最大限に活かせる型です。３つの理由を並べるときに参考にしてください。

伝え方の王道「PREP法」

1. 本論の基本構成	▶	2. 説得力を高める PREP法	▶	3. つなぎ言葉の英語 表現	▶	4. PREP法を用いた 自己PR

Learning Outcomes

☐ 本論の基本構成について理解し、説明できるようになる。

☐ PREP法について理解し、適切な説得材料（具体例や根拠）を選択できるようになる。

☐ PREP法を用いて説得力のある自己PRができるようになる。

1 本論の基本構成

　Lesson 2 では、序論の基本構成について学びました。今回は、本論の基本構成を学びましょう。多くの場合、本論は3つの内容を中心に構成されます。「マジックナンバー3の法則」という言葉があるほど、「3」という数字は人間の記憶に残りやすいと言われています。

　また、Speech Preparation 2 でも説明したように、複数の内容を提示する際には、論理的な順序を考慮することが重要です。時系列やプロセスに沿って説明したり、抽象的な話題から具体的な内容へと移行したりすることで、聞き手は情報をより理解しやすくなります。複数の内容を単に並列に扱うのではなく、それらを論理的な流れで結びつけ、一貫性のある説明を心がけましょう。

Task

以下のタイトルのスピーチにおいて、3つの内容をどのように並べるのが論理的だと思いますか？　論理的だと思う順番に並べ替え、記号を解答欄に書きましょう。

(1) The evolution and future of AI

　A: Future of AI

　B: AI today

　C: Beginnings of AI

　　　　　　　　　　（　　）→（　　）→（　　）

(2) Three benefits of starting your day early

　A: Improved brain function

　B: Increased productivity

　C: More leisure time

　　　　　　　　　　（　　）→（　　）→（　　）

（3）How to make your dreams come true

　　A: How to clarify your dream

　　B: Importance of having a dream

　　C: Actions to realize your dream

　　　　　　　　　　（　　）→（　　）→（　　）

（4）The impact of sustainable living

　　A: Global environmental protection

　　B: Personal health and wellness

　　C: Strengthening of local communities

　　　　　　　　　　（　　）→（　　）→（　　）

2 説得力を高める PREP 法

PREP法とは何か

　PREP法とは、ライティングやディベートなど様々な場面で用いられる型で、自分の意見や主張を論理的に伝えたいときに役立ちます。それぞれのアルファベットが示す内容は、以下のようになります。

			例
Point	主張	自分の主張をする	I believe that watching TV should be limited to two hours per day for children.
Reason	理由	なぜそう考えるのか、その理由を説明する	This is because watching too much TV can lead to some health problems.
Example	具体例	理由を支える説得材料（具体例や根拠）を示す	A study by the ABC organization found that children who watch more than two hours of TV per day are more likely to be overweight or obese.
Point	主張	主張を繰り返す	Therefore, limiting TV time to two hours per day is necessary for children.

Task 1

 11 　以下の文章を読み、Point / Reason / Example / Point の句切れにスラッシュ（/）を記入しましょう。

It's important to learn presentation skills because they can help you succeed in university and in your future career. During your university studies, for example, you have to give different kinds of presentations such as in-class presentations and conference presentations. By learning how to present, you can communicate your research ideas and findings in a way that's easy to understand and keeps your audience interested. In addition, presentation skills are an important tool in the workplace. They allow you to effectively share your ideas with your colleagues, bosses, and clients. This can lead to better job opportunities, promotions, and higher salaries. That's why it is important to learn presentation skills.

Task 2

 体調を崩してしまったサクラさんは、授業を欠席することを伝えるため、担当教員宛てに以下のメールを作成しました。まず、一度読んでみましょう。

Dear Dr. Smith,

I have been feeling sick since last night. When I woke up this morning, I took my temperature and found that I had a high fever. I also have symptoms such as headache, sore throat, and cough. I do not want to spread the illness to other students, so I would like to stay home today. I was looking forward to your class, but I am so sorry.

Sincerely,

Sakura

サクラさんはなるべく丁寧に説明したつもりでしたが、この伝え方にどのような問題がありますか？　ペアやグループで意見を共有しましょう。その後、PREP 法を用いてこのメールを書き直しましょう。

Dear Dr. Smith,

_____

_____

_____

_____

_____

_____

_____

_____

_____

Sincerely,

Sakura

説得材料の種類

　スピーチやプレゼンの冒頭で聞き手の興味や関心をつかむ部分を「 フック」と表現したように、本論において主張を裏付ける説得材料のことを「 アンカー（anchor）」と呼びます。アンカーとは、船の錨（いかり）のことです。錨を下ろして船が波に流されるのを防ぐように、スピーチやプレゼンでも錨の代わりとなるものを用意して、主張を支えてあげましょう。アンカーには以下のようなものがあります。楕円の左側は「分析」「論理」「合理性」などを司る左脳を刺激する内容です。右側は「感情」や「知覚」を司る右脳を刺激する内容です。

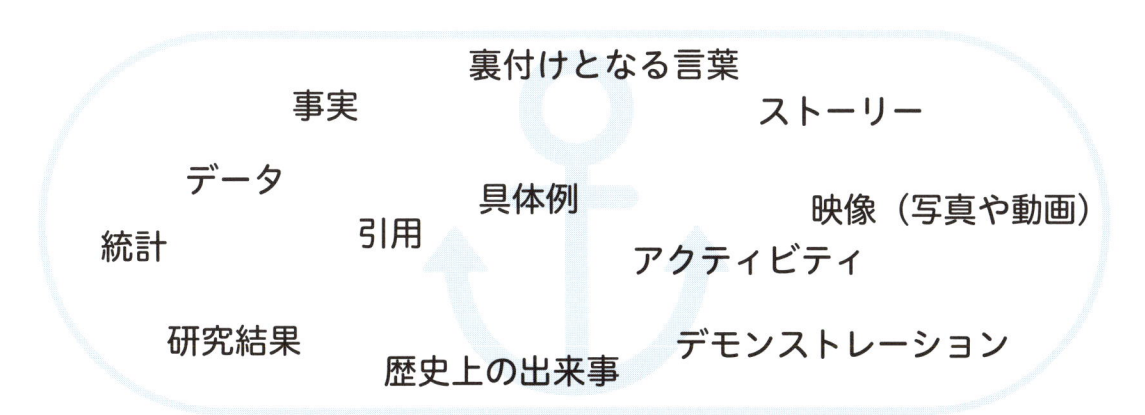

Task 3

以下の内容の説得材料として最も適切なものを、右の選択肢から選び、線で結びましょう。

(1) Our living expenses have gone up partly because the cost of gasoline has been on the rise for the last three years.

(2) Our customer satisfaction rating was the highest last year, with a score of 4.9 out of 5, because we offer great hotel experiences.

(3) You should try our new search engine as it is significantly faster than the one you use now. Now, I'm going to show you how fast it is.

(4) We should value diversity in the workplace because studies show that diverse organizations are more likely to be innovative.

- 裏付けとなる発言
- デモンストレーション
- データ
- 研究結果

3 つなぎ言葉の英語表現

　Lesson 1 では、セクション間を連結するための表現を学びました。ここでは、セクション内の文と文をつなぐ表現（トランジション）を確認しましょう。これらの表現を適切に用いることで、話の流れがスムーズになり、構造が明確化し、聞き手は内容をより理解しやすくなります。

Task 1

(1)～(5) の括弧には論理性を示すつなぎ言葉が入ります。適切な語句を記入しましょう。わからない問題は、下の表を参考にしましょう。

(1) (D　　　　) the challenges we faced, we were able to achieve our goals.

(2) (　　　　) (a　　　　) (　　　　) the benefits I've mentioned, our product also offers a number of other features.

(3) We need to be efficient and cost-effective, but (　　　　) (　　　　) (s　　　　) (　　　　), we need to invest in our future.

(4) (　　　　) a (r　　　　) (　　　　) the technological revolution, the way we live and work has changed dramatically.

(5) (J　　　　) (　　　　) a tree needs water to grow, we need education to expand our minds.

追加する	also, in addition to, furthermore, moreover, what's more, additionally, besides
反対の点を示す	but, however, nevertheless, on the other hand, on the flip side, even so, in contrast, in comparison, on the contrary, in spite of, nonetheless, still, and yet, conversely, whereas, although, despite, regardless of
類似点を示す	similarly, likewise, in the same way, just as
順番を示す	first, second, third, meanwhile, afterward, subsequently, finally, next, then, lastly, following this, at the same time, simultaneously, soon
因果関係を示す	because, as a result, consequently, therefore, thus, hence, so

Task 2

(1) ～ (5) の括弧には、具体例を示したり、文の内容を言い換えたりするためのつなぎ言葉が入ります。適切な語句を記入しましょう。わからない問題は、下の表を参考にしましょう。

(1) This project will address a variety of community problems, (s   ) (   ) an aging population and a declining birth rate.

(2) Many students feel stressed about exams. (   ) (f   ), 70% report feeling high levels of stress during exam periods.

(3) We need to work together to solve this problem. (   ) (o   ) (   ), cooperation is the key to our success.

(4) Our group explored different methods for improving academic performance. (   ) (s   ), we can say that consistent study habits and active participation in class discussions are key.

(5) Building a professional network while in university can open many doors. (   ) (e   ), attending job fairs and engaging in internship opportunities can connect you with potential employers.

補足する	in fact, actually, of course
具体例を示す	for example, for instance, to illustrate, such as
言い換える	in other words, that is (to say), namely, to put it differently
まとめる	in short, in conclusion, to sum up, to wrap up, in summary, to summarize, in a nutshell

4   PREP法を用いた自己PR

　自己PRは就職活動での面接をはじめ、様々な場面で求められる重要なスキルです。PREP法を活用することで、自身の強みやアピールポイントを論理的に、説得力をもって伝えることができます。

Task

以下の例を参考に、PREP 法を用いてあなたの自己 PR を作成し、発表しましょう。

自己 PR 例

Point（自分の強みやアピールポイントを簡潔に述べる）

例 One of my strengths is the ability to tackle a variety of problems and come up with solutions.

Reason（なぜ、その強みが身に付いたのか説明する）

例 I developed this skill through my experience as the president of a university club.

Example（具体的なエピソードや経験を用いて強みを強調する）

例 In the club, we organized an event every year. Last year, the schedule for the event setup was not coordinated well, and the preparation was delayed. I discussed the situation with the team leader and proposed a new timeline with clear responsibilities for each member. I also responded flexibly to any problems that occurred on the day of the event. As a result, the event was successfully completed.

Point（強みを繰り返す）

例 This experience taught me how to stay calm under pressure, think critically, and come up with appropriate solutions to problems.

自己 PR のメモや原稿

Speech Preparation 3

原稿の作成 ―原稿を書き始める前に確認したい３つのこと―

1. 原稿に必要な語数を確認しよう

「とりあえず書いてみよう」という気持ちで原稿を書き始めると、「５分の発表なのに、いざ発表してみたら８分もかかってしまった」や「３分ちょっとで終わってしまった」などということになりかねません。そのような事態を避けるために、以下の計算式を用いて原稿の語数をあらかじめ設定しておきましょう。

$$自分の WPM \times 指定の発表時間 = 原稿語数の目安$$

WPM とは、Words Per Minute の略で１分間あたりに話す語数のことです。話す速さには個人差がありますが、高校生や大学生の発表では１分間 120 語程度を目安にするとよいでしょう。指定の発表時間が５分の場合、600 語（120 × 5）の原稿を作成すれば、おおよそ５分程度で発表をすることができます。WPM は以下の計算式で算出することができます。自然な速度で話すことができる読み慣れた英文を用意し、その語数と読むのにかかった時間を用いて自分の WPM を計算してみましょう。

$$文章の語数 \div 読むのにかかった秒数 \times 60 = 自分の WPM$$

2. 書き言葉ではなく、話し言葉で書こう

「雨のせいで出かけられなかった」と会話中に伝える場合、どちらが適切だと思いますか？

A. We couldn't go out because it was raining.

B. The rain prevented us from going out.

両方とも文法は正しく、意味も同じですが、会話の中では A の方が適切です。スピーチやプレゼンの原稿を作成する際、どうしても文字で表すため B のような書き言葉になりがちです。しかし、スピーチやプレゼンは聞き手との会話です。聞き手を思い浮かべ、話しかけるような言葉を使って原稿を作成していきましょう。以下、書き言葉を話し言葉に書き換えた例です。

書き言葉	話し言葉
受動態 The report was written by John.	能動態 ➡ John wrote the report.
長い接続詞 furthermore / nevertheless / therefore	短い接続詞 ➡ also / but / so
形式的な表現と文構造 The proliferation of digital media platforms has caused a paradigm shift in the ways in which individuals consume information.	シンプルな表現と文構造 ➡ Digital media has changed how we get our information.
一般の人に向けて It is worth considering how this concept applies to people's lives.	特定の（目の前にいる）人に向けて ➡ Let's consider how this concept applies to each of you in your daily lives.

3. 知らない単語、難しい単語は使わない

　スピーチやプレゼンの原稿を作成するとき、まず日本語で言いたい内容をまとめて、それを英語に訳していくというアプローチをとる人もいるかと思います。英語でアウトプットすることに慣れていない場合、それも1つのストラテジーと言えるでしょう。しかし、日本語の文をそのまま直訳すると、自分が知らない単語が含まれていたり、正しく発音できていなかったり、言葉に詰まってしまったり、何より聞き手もその単語を知らない可能性が高いです。大切なのは、あなたのメッセージです。英語に縛られてメッセージが上手く伝わらないのでは本末転倒です。知らない単語や表現は、子どもにも伝わるような簡単な日本語に言い換え、自分が知っている単語で表現しましょう。

　以下、英語の日本語訳とその言い換え表現の例です。

日本語 ➡	簡単な日本語に言い換え ➡	英語
経済学	お金とモノの勉強	study of money and goods
常識	みんなが知っていること	what everyone knows
時代遅れ	古い	old
彼は懲りない人だ。	彼は学ばない人だ。	He never learns.
私たちは先週末、絵画を鑑賞した。	私たちは先週末、絵を見て楽しんだ。	We enjoyed the paintings last weekend.
私たちは会場を下見しておく必要がある。	私たちは場所を確認しておく必要がある。	We need to check the place.

　3つのポイントを確認後、自身のスピーチの原稿を書き始めましょう。原稿の書式テンプレートは、WEBコンテンツからダウンロードできます。

共感を得るストーリーテリング

1. ストーリーの重要性	▶	2. ストーリーテリングのポイント	▶	3. ストーリーテリングの実践

Learning Outcomes

☐ スピーチやプレゼンにおけるストーリーの重要性について理解し、説明できるようになる。

☐ ストーリーテリングのポイントについて理解し、応用できるようになる。

☐ 具体的かつ感情に訴えるストーリーテリングができるようになる。

1 ストーリーの重要性

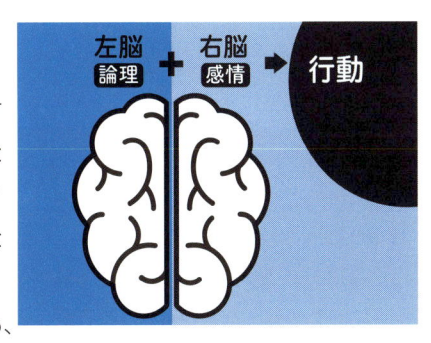

　ストーリーは共感を呼び起こしやすく、聞き手の行動を促しやすいと言われています。そのため、近年、ストーリーの力は大きな注目を集め、スピーチやプレゼンだけではなく、企業のブランディングやマーケティング（広告やCM）、メディアや教育など、様々な分野で活用されています。

　通常、スピーチやプレゼンは、聞き手に特定の行動（購入する、投票する、承認するなど）を促すために行われます。しかし、客観的な論理や理屈（左脳が扱う内容）だけでは、人々の行動に結びつきにくい場合があります。話し手の経験やストーリー（右脳が扱う内容）によって感情を刺激され、共感することで、行動につながるのです。このように、共感を得やすいストーリーは、スピーチやプレゼンにおいて非常に重要な役割を果たします。

Task

🎧 14 15　以下の英文は、ストーリーの効果を検証した実験で用いられたものです。実験参加者は5ドルを受け取った後、2つのグループに分かれます。1つ目のグループはAの情報を、2つ目のグループはBの情報を読み、謝礼金（5ドル）からいくらを寄付したいか尋ねられました。どちらがより多くの寄付金を集められたと思いますか？　ペアやグループで意見を共有しましょう。

A Food shortages in Africa affect more than three million children. In Zambia, severe rainfall deficits have resulted in a 42% drop in corn production from 2000. As a result, about three million Zambians face hunger.

B Any money that you donate will go to Rokia, a seven-year-old girl who lives in Mali in Africa. Rokia is desperately poor and faces the threat of severe hunger, even starvation. Her life will be changed for the better as a result of your financial gift.

2 ストーリーテリングのポイント

具体的に話す

　ストーリーを話すときに注意したいのが、話し手の脳内の情景と聞き手が思い描く情景を一致させるということです。下の文を読んだ際、皆さんはどのような情景をイメージしますか？

> She had a meal with her friend yesterday.

以下の質問を参考に、ペアやグループで自分が思い浮かべた情景を共有してみてください。

- どの食事（朝食・昼食・夕食）？
- 何を食べている？
- どこで食べている？　お家？　レストラン？
- お友達は女性？　男性？

　私たちはそれぞれ異なる経験や価値観をもっているので、それぞれ異なる情景を思い浮かべたのではないでしょうか。したがって、ストーリーを語る際はなるべく曖昧な表現は避け、具体的に説明する必要があります。そのためには、具体例や数字を加えて説明することが重要です。

Task 1

以下の文に具体例や数字を付け加えて表現しましょう。特に、形容詞や副詞の意味を具体的に表現しましょう。なお、具体例や数字は想像で構いません。

例	This class is difficult.	This class is difficult. In fact, half of the students didn't pass last year. （具体例を使って）
1	Tokyo is a big city.	（数字を使って）
2	The cost of living goes up every year.	（数字を使って）
3	New York is very far from Osaka.	（数字を使って）
4	This restaurant is very popular.	（具体例を使って）
5	I studied hard last night.	（具体例を使って）

会話文（直接話法）を取り入れる

　落語や怪談では、映像を使うことなく話だけで聞き手を引き込むために、様々な話術が用いられています。中でも、「会話文を取り入れる」というテクニックは、スピーチやプレゼンでも効果的です。会話文を含めることで、ストーリーに躍動感が生まれ、そのシーンの様子が鮮明に伝わります。会話文を話すときは、声のボリュームや高低、速さも再現することで一段と聞き手を惹きつけることができます。

Task 2

以下の文をそれぞれ会話文（直接話法）に書き換えましょう。直接話法では、話し手の言葉がそのまま引用され、クオーテーションマーク（" "）で示されます。

例 He told me that he was happy to see me.　➡ He said to me, "I'm happy to see you!"

(1) She asked me what I was doing.　　➡ _____

(2) He warned me not to touch it.　　➡ _____

(3) He expressed his appreciation to us. ➡ _____

Task 3

 以下のストーリーの太字部分を会話文（直接話法）に書き換えましょう。

> On the day the exam results came out, I sat in front of my computer with my family. I felt very nervous, but **my mother calmed me down and assured me that everything would be fine**. We were all looking at the screen and kept refreshing the webpage. Suddenly, the word "Pass" appeared. We got so excited, shedding tears of relief and happiness. **My father gave me words of praise**.

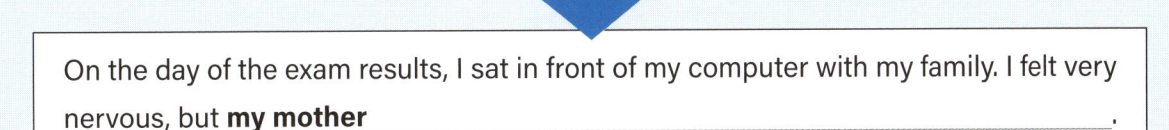

> On the day of the exam results, I sat in front of my computer with my family. I felt very nervous, but **my mother** _____ .
>
> We were all looking at the screen and kept refreshing the webpage. Suddenly, the word "Pass" appeared. We got so excited, shedding tears of relief and happiness. **My father** _____ .

3 ストーリーテリングの実践

　Lesson 3 の「PREP 法を用いた自己 PR」では、E（Example）として自身の経験や体験談を用いました。経験や体験談もストーリーですが、その内容に感情（喜び、悲しみ、怒り、悔しさ、恐れ、驚き）の要素は必要ありませんでした。しかし、このレッスンの冒頭で確認したように、ストーリーは感情を含めることで、より聞き手の共感を得やすくなります。

Task

🎧 17 以下の構成と例を参考に、「失敗・挫折から学んだこと」というテーマで原稿を作成し、発表しましょう。

例

ストーリー	自分の失敗や挫折についてのストーリーを、具体的かつ直接話法を加えて話す
	When I was a university student, I had the opportunity to give a presentation in front of over 100 people. Because it was in Japanese, I decided not to write a script or practice in advance, thinking it would make the presentation more natural. However, during the presentation, I got completely stuck. My mind went blank, and I panicked. I thought, "Oh no! This is a nightmare! I want to run away!" At first, I thought I could figure it out on the spot, but it turned out to be a complete failure. I regretted not preparing or practicing for the presentation. Even now, when I think back to that time, I feel a sense of regret that makes me want to clench my teeth.
学んだこと	その失敗や挫折から学んだことについて説明する
	What I learned from this experience is that careful preparation and practice are necessary before a presentation. I later learned that even Steve Jobs, a master of presentation, usually spent two days rehearsing a presentation. I realized that a presentation is not magic you can do on the spot, but a skill that comes from careful practice. In the future, I will prepare and practice carefully before a presentation or any other important event.

ストーリー	
学んだこと	

Speech Preparation 4

初稿の完成 —印象に残るスピーチ・プレゼンの終わり方—

　スピーチやプレゼンの冒頭と同じように、終わりも全体の印象を決める重要な役割を担っています。特に、最後に示された情報は印象や記憶に残りやすく、聞き手の判断や評価に大きな影響を与えます。以下に、印象に残る終わり方を5つ紹介します。

1. 要約する

　結論の冒頭では、プレゼンで説明した重要なポイントを簡潔にまとめましょう。要約することで、情報が整理され、内容が首尾一貫していたことを印象づけることができます。

例 Let me wrap up. We have explored three reasons why effective communication is important in the workplace. We began by discussing the role it plays in fostering collaboration, then examined its impact on employee engagement, and finally, we looked at how it contributes to better problem-solving.（要約の後、以下のクロージングに移ります）

2. 将来への希望や展望を話す

　あなたの主張や提案が実現した後、どのような未来が待っているのかを生き生きと話しましょう。より良い状況を具体的にイメージしてもらうことで、聞き手と希望を共有し、共感を生み出すことができます。

例 In closing, let's keep in mind that while homelessness is a pressing social issue, the future is filled with potential. By supporting shelters and affordable housing initiatives, we can work together to ensure that one day, no one will have to sleep on the streets. Thank you very much.

3. 行動を促す

　聞き手にとってもらいたい具体的な行動を示しましょう。行動を促すときは、話し手の利益ではなく、聞き手や社会の利益を強調することが重要です。

例 Lastly, I encourage you to get involved in improving education. Mentor a student, donate to educational programs, and advocate for equal access to quality education. Education is the key to solving many problems in our society, and your support can make a huge difference. Thank you.

4. 名言や引用を示す

　スピーチやプレゼンの主張に関連のある名言や引用を最後に示すことで、ドラマチックで印象的なエンディングを作ることができます。

例 Entrepreneurship is a journey, not a destination. It's a lifelong adventure of learning, growing, and making a difference in the world. So, if you're thinking about starting your own business, take the first step today. As Theodore Roosevelt once said, "Believe you can and you're halfway there." Thank you.

5. 冒頭の内容を振り返る

冒頭で述べた内容を終わりにもう一度取り上げることで、聞き手の印象に残りやすくなります。

例 Remember that story I told you about the student who froze during a presentation? Well, guess what? That was me! Now I'm a comedian, and I travel the world making people laugh. So if I can do it, you can too! Thank you.

「印象に残るスピーチ・プレゼンの終わり方」と Lesson 1 から Lesson 4 で学んだことを活かし、スピーチ原稿を完成させましょう。その際、以下のチェックリストを参考にしましょう。

原稿のチェックリスト

	チェック項目	✓
基本	タイトルは「Three reasons why ...」や「Should ...?」など、テーマに沿っている	☐
	全体の語数は、指定の発表時間に適切である	☐
構成と文章表現	序論・本論・結論で構成されている	☐
	セクション間をつなぐサインポストや、セクション内の流れを明確にするトランジションが適切に用いられている	☐
	難しい単語や表現は使わず、わかりやすい英語で表現している	☐
	書き言葉ではなく、話し言葉を使っている	☐
序論 **（第 1 段落）**	フック：聞き手の興味関心を得るための効果的なフックがある	☐
	背景知識：本論の内容を理解するために必要な背景の説明がある	☐
	主張：自分の主張を明確にしている	☐
本論 − 理由 1 **（第 2 段落）**	1 つ目の理由を示している	☐
	理由を裏付ける説得材料（データやストーリー）がある	☐
	説得材料は理由を十分にサポートする内容である	☐
	段落の最後に簡単なまとめがある	☐
本論 − 理由 2 **（第 3 段落）**	2 つ目の理由を示している	☐
	理由を裏付ける説得材料（データやストーリー）がある	☐
	説得材料は理由を十分にサポートする内容である	☐
	段落の最後に簡単なまとめがある	☐
本論 − 理由 3 **（第 4 段落）**	3 つ目の理由を示している	☐
	理由を裏付ける説得材料（データやストーリー）がある	☐
	説得材料は理由を十分にサポートする内容である	☐
	段落の最後に簡単なまとめがある	☐
結論 **（第 5 段落）**	3 つの理由を簡潔に要約している	☐
	クロージング：最後に聞き手の印象に残るような工夫がある	☐

伝わる話し方とジェスチャー

| 1. 話し方の工夫5選 | ▶ | 2. 発音改善の4ステップ | ▶ | 3. 意味を際立たせる5つのジェスチャー | ▶ | 4. 避けたい動作と基本姿勢 |

Learning Outcomes

☐ 話し方やジェスチャーの役割と重要性について説明できるようになる。

☐ 話し方の工夫（Chunk, Pace, Pause, Volume, Tone）と発音のコツを活かして話せるようになる。

☐ 適切なジェスチャーを用いて話せるようになる。

1 話し方の工夫5選

　最近よく聞く曲を思い浮かべてください。あなたが好きなのは、その曲の歌詞ですか？　もしくは歌手の歌声やメロディーですか？　両方大切だと思います。スピーチやプレゼンでも、歌と同じように伝えたい内容（歌詞）だけではなく、話し方（歌声）を磨く必要があります。歌うことは誰にでもできますが、相手の心に響くように歌うためにはテクニックが必要です。このレッスンではスピーチ・プレゼン用の話し方トレーニングをしましょう。具体的には以下の5つを学びます。

Chunk	意味のまとまりを意識して話す。
Pace	内容や語句の意味、重要度に応じて話す速さを変える。
Pause	質問を投げかけた後や、重要なことを言う前に小さな間をとる。
Volume	聞き手の注意を引きつけたいときに、大きな声で強調したり、あえて小さな声を使う。
Tone	感情を伝えたり、共感を促したりしたいときに声色を変える。

Chunk

　チャンクとは、複数の単語で形成される意味のまとまりを示すフレーズを指します。チャンクを意識して話すことにより、文の構造が際立ち、聞き手は意味を理解しやすくなります。たとえば、I went to the store to buy some milk. という文は、I went to the store と to buy some milk の2つのチャンクに分けることができます。2つのチャンクの間に小さな息継ぎを挟むことで、より聞き取りやすい話し方になります。

Task 1

🎧 18 以下の文について、チャンクを示すスラッシュ（/）を書き込み、ペアになり声に出して読みましょう。その後、音声を確認しましょう。

(1) Mistakes are opportunities to learn and grow.

(2) The key to success is believing in ourselves and never giving up.

(3) I'm excited to share some ideas that can help us improve our daily routines.

(4) One of the reasons why I value education is that it has a potential to change our future.

(5) Imagine a world where everyone has access to clean water and sustainable energy. This is the world we can create if we work together.

Pace

ずっと同じ速度で進むジェットコースターが退屈なのと同様に、終始同じ速さでの話し方も聞き手を退屈させてしまいます。話の内容や重要度に応じて話す速さを調整することが重要です。特に、以下 2 つの場面でペースを意識しましょう。

・ ゆっくり伸ばして話すことで意味が際立つ語句

　例 We had a **long** discussion. （long を伸ばして話すことで、意味が強調される）

・ 重要な内容

　例 In school, try your best to do your work, have fun with friends, and try new things. That makes your days exciting. But in all the excitement, **please remember to find time for calm and to explore yourself — times to relax, think, and reflect**. （太字部分が重要な内容であるため、ゆっくり話す）

Task 2

🎧 19 以下の文について、ゆっくり伸ばして話すことで意味が際立つ語句はどれですか？ 「↔」で示し、ペアになり声に出して読みましょう。その後、音声を確認しましょう。

(1) Your presentation was very inspiring.

(2) The population of the city has been slowly increasing.

(3) Our market share is gradually expanding.

Task 3

 以下の英文の内容を確認し、重要度に応じて緩急をつけて声に出して読みましょう。その後、音声を確認しましょう。

In this presentation, I have talked about many effective ways to learn English. However, the most important thing is this: being clear about your purpose for learning English.

Pause

　次の話題に移るときや質問を投げかけた後、重要な内容を伝える前には、間を取ると効果的です。この間を活用することで、トピックの切り替えを明示したり、質問に対する考えを促したり、重要な情報を伝える前に聞き手の期待を高めることができます。

・次の話題に移るとき

　例 ... is my first reason. ∧ Now, let's move on to the second reason.

・質問の後

　例 What do you think this number represents? ∧ This is the number of people who...

・重要な内容の前

　例 This year's Nobel Prize in Literature will be awarded to ∧ Kazuo Ishiguro.

Task 4

 以下の文に間を示すマーク（ ∧ ）を書き込み、ペアになり声に出して読みましょう。その後、音声を確認しましょう。

(1) One of the most powerful techniques you can use in presentations is pauses.

(2) That covers the goals of our project. Now, let's explore the timelines for...

(3) If you won 300 million yen in the lottery, what would you do? I think most of you...

Volume

　声の大きさのデフォルトは、一番後ろに座っている人が難なく聞くことができる声量です。その大きさを標準として、大きな声や小さな声を使います。

大きな声

・数字や修飾語（形容詞や副詞）、比較級や最上級、否定の語句や、強調したい内容

　例 We should never judge someone based on their looks or background.

小さな声

・ 小さな声で話すことで意味が際立つ語句や聞き手の注意を引きたいとき

例 Remember, when life gets busy, listen to the little voice inside you.

Task 5

 以下の文について、大きな声で読むと効果的な数字や語句に二重線（＝＝＝）を、小さな声で読むと効果的な部分に点線（------）を引き、ペアになり声に出して読みましょう。その後、音声を確認しましょう。

(1) It is said that 96% of childcare workers in Japan are women.

(2) In a team, communication is the most important factor for success.

(3) It's not about money. It's about time.

(4) I'm going to tell you a secret that I want to keep between you and me.

(5) I came home and said, "I'm home!" and she said to me, "Shhh! He's sleeping now".

Task 6

 同じ文でも、どの単語を強調するかによって意味が変わることがあります。I believe you can do this. という文について、(1) ～ (6) それぞれの意味を表すためにはどの単語を強調するのが適切だと思いますか？　強調すべき単語にそれぞれ下線を引きましょう。

強調する語

(1) Although other people cannot do this, you can. ➡ I believe you can do this.

(2) I believe, but many people may not. ➡ I believe you can do this.

(3) I believe you will successfully accomplish this. ➡ I believe you can do this.

(4) I'm sure that you have the ability to do this. ➡ I believe you can do this.

(5) This is not such a difficult task. ➡ I believe you can do this.

(6) I believe so from the bottom of my heart. ➡ I believe you can do this.

Tone

情報を伝えるだけが声の役割ではありません。話し手の感情を伝えたり、重要なポイントで聞き手の注意を引きつけたり、上で確認したように同じ文でも発声の仕方で伝えたい内容が変わることもあります。

Task 7

 「はぁっていうゲーム」というコミュニケーションゲームがあります。怒りの「はぁ」、驚きの「はぁ」、困惑の「はぁ」など、ひとつのセリフをシチュエーション別に声と表情だけで演じ、グループ内のメンバーがどの状況かを当て合うゲームです（※身振り手振りは禁止）。4人1組のグループになり、以下の (1) 〜 (5) について同じように行いましょう。

(1) Wow!

  (A) when you see a beautiful sunset

  (B) when you see Shohei Ohtani hit a huge home run

  (C) when your friend gives you a gift that you've wanted

  (D) when you see a person perform an unbelievable magic trick

(2) Oh no!

  (A) when you accidentally delete an important photo

  (B) when you realize you've left your smartphone at home

  (C) when the concert you've really wanted to go to is canceled

  (D) when you drop your smartphone and realize the screen cracked

(3) What?

  (A) when your friend tells you that she's won the lottery

  (B) when you can't catch what is said because of the noise

  (C) when your friend tells you that he's broken up with his girlfriend

  (D) when you're asked a question in a language you don't know at all

(4) I'm sorry.

  (A) when you don't feel sorry at all

  (B) when you interrupt a conversation

  (C) when you spill coffee on someone

  (D) when you express your profound sympathy for someone's loss

(5) What are you doing?

  (A) when you call a friend who is 30 minutes late

  (B) when you find your friends in the school cafeteria

  (C) when you talk to yourself when everything you do fails

  (D) when a teacher finds a student playing a game on his smartphone

> **参考** 2022年、ニューヨーク大学の学位授与式でのスピーチで、シンガーソングライターの Taylor Swift さんは2種類のトーン（口調や声色）を使って下のメッセージを伝えました。
>
> The scary news is … **you're on your own now**.
>
> But the cool news is … **you're on your own now**.
>
> 　太字部分に注目してください。両方とも同じ言葉ですが、発声の仕方によって意味が異なります。Taylor Swift さんはそれぞれどのような声色で話したと思いますか？　実際に声に出して読みましょう。また、どのような意味の違いがあると思いますか？　近くの人と話し合ってみましょう。なお、このスピーチはニューヨーク大学の公式 YouTube チャンネルで視聴できます。ぜひ実際のトーンを確認してみてください（「NYU's 2022 Commencement Speaker Taylor Swift」該当部分 26:18 〜 26:30）。

2　発音改善の4ステップ

STEP 1：正しい発音を調べる

　皆さんは単語帳などで単語を覚える際、意味とスペルだけではなく、きちんと発音も確認しているでしょうか？　たとえば、「allow（許可する）」という単語を正しく発音できますか？　これを「アロゥ」と読んでしまうと、実際のプレゼンやコミュニケーションでは通じません（正しくは、「ァラゥ」）。スピーチやプレゼンの原稿で用いる単語の中にも、間違えて発音を覚えてしまっているものがあるかもしれません。自信のない単語の発音はよく確認しましょう。

Task 1

🎧29 以下の単語は、スペリングの影響で発音を間違えやすいものです。それぞれの単語の発音を調べ、声に出して読みましょう。その後、音声を聞いて確認しましょう。

(1) warn　　(2) height　　(3) width　　(4) deny　　(5) award

(6) says　　(7) clothes　　(8) prove　　(9) dioxide　　(10) bury

STEP 2：強勢部分を大げさに発音する

　強勢とは、単語や文章の中で特定の音節や単語を他よりも強く、あるいは長く発音することを指します。たとえば、success という英単語は、「エ」を強く発音することで、それ以外の部分は多少いい加減でも通じるという特徴があります。強勢の位置は必ず確認し、大げさに強く読むことを意識しましょう。

以下の単語の強勢位置を調べ、声に出して読みましょう。その後、音声を聞いて確認しましょう。

(1) police　　(2) effort　　(3) damage　　(4) pattern　　(5) agree

(6) hotel　　(7) satisfy　　(8) definitely　　(9) advantage　　(10) technique

STEP 3：音声変化を意識して発音する

　私たちが「洗濯機」を「せんたくき」ではなく「せんたっき」と発音するように、英語においても発音の効率化のために音声変化が生じます。これらの変化は、ネイティブスピーカーが無意識のうちに行っているものです。音声変化を理解し習得することで、より自然で伝わる発音にすることができます。ここでは、代表的な音声変化を3つ学びましょう。

連結（Linking）

　連結とは、単語の最後の子音と次の単語の最初の母音がつながって発音される現象です。たとえば、stand up というフレーズでは、stand の子音 /d/ と up の母音 /ʌ/ が連結し、「スタンドアップ」ではなく、「スタンダップ」という発音になります。

Task 3

 以下の単語や文における連結部分に下線を引き、声に出して読みましょう。その後、音声を聞いて確認しましょう。

(1) turn off　　　　(2) pick up　　　　(3) warm up

(4) He's in the garden on a sunny day.　　(5) We had a party at the end of the semester.

脱落（Reduction）

　脱落とは、単語の語尾の破裂音（/p/、/t/、/k/、/b/、/d/、/g/）がほとんど聞こえなくなったり（例：step）、同じまたは似た子音が連続するとき、片方の音が消える現象です。たとえば、I want to go home. では、want の /t/ と to の /t/ が連続しているため、want の /t/ が聞こえなくなります。

Task 4

 以下の文について、弱く発音したり脱落が起きたりする文字を（　）で囲み、声に出して読みましょう。その後、音声を聞いて確認しましょう。

(1) We kept talking.　　(2) I want to join that tour.　　(3) Don't forget to take care of yourself.

同化（Assimilation）

同化とは、ある音が隣接する音の影響を受けて別の音に変化する現象です。特に /t/ や /d/ と /j/ の組み合わせにおいて、音の変化が頻繁に見られます。たとえば、thank you というフレーズでは、「サンク」の「ク」と「ユー」が結びつき、「キュー」という音に変化します。

Task 5

 以下の文における同化部分に下線を引き、声に出して読みましょう。その後、音声を聞いて確認しましょう。

(1) Could you help me with this?　　　(2) I'll get you more information later.

(3) It's important to be grateful for what you have, not what you lack.

STEP 4：内容語を強調して話す

英語を話す際は、内容語を強く長く発音し、機能語を小さく短く発音することが重要です。内容語とは、名詞（例：people, book, car）、一般動詞（例：run, eat, think）、疑問詞（例：what, how, why）、形容詞（例：happy, blue, quick）、副詞（quickly, silently, well）など、文の意味を伝える上で欠かせない重要な語です。機能語とは、冠詞（例：a, an, the）、前置詞（例：in, on, at）、助動詞（例：can, will, may）、代名詞（例：he, she, it, they）など文の意味を補完したり、構造を示したりする語です。たとえば、I **want** to **join** the **party**. という文では want, join, party が内容語であり、それらを強く発音し、他の語を弱く発音することで、英語として自然なリズムで話すことができます。

Task 6

 以下の文の内容語を丸で囲み、強調して声に出して読みましょう。その後、音声を聞いて確認しましょう。

(1) Today, I will talk about our new project.

(2) Let me explain how this technology can benefit us in the future.

(3) I would appreciate it if you could send us an email so that we can give you an accurate answer.

3　意味を際立たせる 5 つのジェスチャー

人前で発表する際のポイントは、自然さです。その観点から言えば、スピーチやプレゼン用にジェスチャーを多用したり、大げさに振る舞ったりすると、聞き手は「内容」より「動き」に注意がいってしまい、逆効果になってしまいます。しかし、話している間ずっと棒立ちというのも、ロボットのようで自然

さに欠けてしまいます。以下5つは、スピーチやプレゼンにおける代表的なジェスチャーです（太字はジェスチャーをするところを示しています）。

1. 数字を示すとき（指で数字を示す）

We have **three** important topics to cover today.

2. 比較するとき（手や腕で高低差を表現する）

We value **customer satisfaction more than short-term profit**.

3. 主張するとき（内容や人によってさまざまなジェスチャーがある）

The most important thing is that we work together as a team.

4. 内容と動作が一致するとき（内容を表す動作をする）

Every one of you here plays an important role.

5. 質問の後（話し手が挙手することで、聞き手の挙手を促す）

Have you ever experienced this problem before?

Task

🎧35 以下の英文について、適切なジェスチャーを加えて読みましょう。

(1) The cost of living in Hawaii is much higher than that in Tokyo.

(2) There are three reasons why we should read books.

(3) How many of you have been to Australia?

(4) Studying is what high school life is all about!

(5) Let me tell you a technique to calm you down when you feel nervous.

(6) Let's consider the speed of development now compared to five years ago.

(7) To zoom in on the photo, just spread your fingers apart like this.

(8) There are two main advantages to using this software: efficiency and accuracy.

(9) Could you raise your hand if you prefer remote work over coming to the office?

(10) Now is the time we stand up for change!

4 避けたい動作と基本姿勢

　聞き手はあなたの発表中の姿勢からさまざまな情報を受け取ります。以下は、無意識にやってしまいがちな避けたい姿勢や癖です。練習時には、一度自分の発表をビデオに撮り、これらの仕草をしていないか確認しましょう。

1. 原稿を思い出すのに集中して、視線が上や下に向いている

　原稿を思い出そうと、自分だけに集中している状態。聞き手とのアイコンタクトやコミュニケーションができず、上や下を見つめながら話している。練習不足が原因のため、本番では練習以上に緊張することを認識し、「120%大丈夫」と思えるまで練習をする。

2. 身体がくねくねしている

　まっすぐ立っておらず、くねくねしている。また、重心が片方の足にある。「考えが定まっていない」「落ち着きがない」「慣れていない」などの印象を聞き手に与えてしまう。緊張や不安だけではなく、普段からの癖が原因かもしれないため、練習時に発表を録画し、確認したい。

3. 目と身体がスライドの方を向いている

　聞き手に背中を見せた状態で話しているので、聞き手が理解しているか反応を確認できない。また、緊張のため何も表示されていないスクリーンを見ながら話していることもある。「このスライド、本当に自分で作ったのかな？」「余裕がない」「聞き手を置き去りにしている」などの印象を与えてしまう。

4. 腕や手がずっと固定されている

　身体の前、または後ろで自分の手首を握っている状態。落ち着いた印象がある一方、「熱意がない」「聞き手に心を開いていない」という印象を与えてしまう。また、片方の手でもう片方の肘を握る状態もよく見られるので、これらの姿勢は避けたい。

5. 腕や手が迷子になっている

　4の姿勢を避けようとすると、どこに手をやるべきかわからず、髪の毛や服の袖などを触ってしまう。TED Talks や、目標とするプレゼンターを参考にするなどして、手と腕の基本位置を意識したい。

　それでは、人前で話すときの基本的な姿勢を確認しましょう。まず、足を少し開いて（肩幅より小さく）、上から糸で吊るされているかのようにつま先立ちをしてみましょう。その後、ストンとかかとを降ろし、自分の軸を見つけましょう。これが身体の基本姿勢です。

　手と腕の基本ポジションは人それぞれですが、多くのスピーカーは左の写真のように手のひらを開き、腕を 90 度ぐらい曲げている状態を基本位置としています。

　ジェスチャーや姿勢を習得し、さらに上の発表を目指したい人は、以下の 2 点も取り入れてみましょう。

1. 開始後 2 ～ 3 秒間は何も話さず、聞き手とアイコンタクトをする

　多くの人は、Please start の合図と同時に話し始めます。しかし、これでは焦っているように見え、聞き手を置き去りにしているかのような印象を与えてしまいます。開始の合図の後、まず小さな深呼吸で心を落ち着かせ、聞き手を見渡しアイコンタクトをとることで聞き手と心を通わせましょう。そうすることで、心に落ち着きと余裕が生まれるだけではなく、聞き手の注意を引くこともできるのです。

2. 壇上での立ち位置に意味付けをする

　意味もなく動き回るより、ずっと同じ場所に立って発表をする方が好ましいでしょう。しかし、ある 1 点に立って話さなければならないというルールがない限り、与えられた壇上を有意義に使いましょう。たとえば、「過去」「現在」「未来」という時系列を立ち位置で表すことができます（過去の話はステージ左、現在の話はステージ中央、未来の話はステージ右）。「原因」→「結果」や「問題」→「解決案」、「1 つ目」「2 つ目」「3 つ目」などを示す際も同様です。

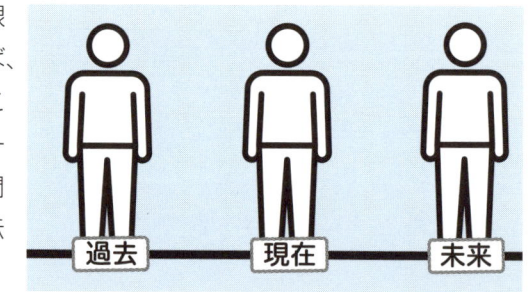

Speech Preparation 5

スピーチの録画

　スピーチ原稿に、本レッスンで学んだ話し方の工夫やジェスチャーのメモを記入しましょう。その後、自分のスピーチを録音・録画して、学んだことを効果的に使えているか確認しましょう。また、練習や発表をする際は、次ページのコラム「緊張への5つの対処法」を参考にしてみてください。

1. 話し方のまとめ

Chunk
- ✓ 意味のまとまりを意識して話す。

Pace
- ✓ ゆっくり話す：重要な内容を言うときや、ゆっくり話すことで意味が際立つとき。
- ✓ 速く話す：速く話すことで意味が際立つときや緩急を作りたいとき（重要な内容を言う前に速く話すことで、後に続くゆっくり話す部分を際立たせる）。

Pause
- ✓ 次の話題に移るときや質問をした後、重要な内容を言う前に間をとる。

Volume
- ✓ 大きな声で話す：数字、比較級や最上級、否定の語句、修飾語などの語句を強調したいとき。大きな声を使うことで意味が際立つとき。主張を強調したいとき。
- ✓ 小さな声で話す：小さな声を使うことで意味が際立つとき。聞き手の注意を引きたいとき。緊張感を演出したり、あまり知られていない事実やストーリーを話したりするとき。

Tone
- ✓ 感情（喜び・驚き・悲しみなど）を表したいとき。

2. ジェスチャーのまとめ

数字を示すとき
- ✓ 指で数字を示す（片手で示すことができる「5」まで。それ以上の数字は声で強調する。）

比較するとき
- ✓ 両手を使って、比較を表現する。

主張するとき
- ✓ 拳を握ったり、手のひらを開いて胸の高さで前後に揺らしたりと、内容や人によってさまざまなジェスチャーがある。

内容と動作が一致するとき
- ✓ 内容を表す動作をする。

質問の後
- ✓ 話し手が挙手することで、聞き手の挙手を促す。

緊張への 5 つの対処法

「人前で話すことが好き！」という人はほとんどいないでしょう。誰しも人前で話すことに恐怖を感じてしまいます。1973 年にアメリカで行われた研究では、人は死ぬことより、人前で話すことの方が恐いと感じているという結果が報告されたほどです。このコラムでは、緊張を少しでも緩和するための処方箋を 5 つ紹介します。ひとつの方法だけではなく、複数の方法を組み合わせて試してみましょう。

1. うまく発表をしている自分をイメージする

スピーチやプレゼンの不安や恐怖の多くは、「途中で固まってしまったらどうしよう」や「失敗したらどうしよう」など、うまくいかないことをイメージしてしまうことから生じます。最悪な事態を想定することは対策を検討する上で必要かもしれませんが、考え過ぎは逆効果です。思い通りに発表をしている自分を何度もイメージし、「絶対、大丈夫！」と自分に言い続けましょう。イメージを通して疑似体験をするので、本番でも気持ちが安定します。そのためにも、実際の発表会場の下見、オーディエンスの数や席の配置、機器の操作など事前に確認しておきましょう。

2.「自分はどうでもいい」と考える

人前で話すときに緊張するのは、自分にスポットライトが当たっていると思うからです。聞き手の視線があなたに集まり、発表中に評価されたり他の発表者と比較されたりと思うと、どうしても緊張してしまいます。スピーチやプレゼンの冒頭で、"I'm very nervous, but..." と前置きをして始める発表を多く聞いたことがありますが（ネイティブにも多い）、あなたが緊張しているかどうかは聞き手にとっては関心ごとではありません。スピーチやプレゼンはアイドルのコンサートとは違い、オーディエンスはあなたに会いに来ているのではなく、あなたが話す内容を聞きに来ているのです。「この内容を聞き手に伝えたい！ 自分はどうでもいい。内容が重要なんだ」と認識することで緊張が和らぐでしょう。

3. 発表前に運動をする

科学的根拠はありませんが、私は緊張する場面の前に運動を取り入れています。運動による心臓のバクバクが緊張のバクバクを打ち消してくれるような気がするからです。また、運動をすることで血流が良くなり脳が活性化するだけではなく、イキイキとした気持ちで発表に臨むことができます。軽いランニングやスクワット、階段を上り下りするなど、発表前にちょっとした運動を取り入れてみましょう。

4. 300%、練習する

これが最も重要です。不安や緊張は、練習をすることで自信に変えることができます。練習には 2 つのフェーズがあります。1 つ目のフェーズは内容をしっかり頭に定着させるための練習です。「この話をしたら、次はこの話」というように、自然と言葉が口から出る状態になるまで練習しましょう（100%）。2 つ目のフェーズは、話し方や表情、ステージ上での動きやジェスチャー、パワーポイントのクリックなどを話す内容とシンクロさせる練習です（200%）。最後に 2 つのフェーズで練習したことを組み合わせて「絶対大丈夫」と思えるまで何度も繰り返しましょう（300%）。

5. スピーチ・プレゼンのスキルを習得する

最後に、スピーチやプレゼンの準備方法や発表スキルを学び、身につけることです。泳ぎ方を知らなければ、プールや海で泳ぐのが恐いように、これらの準備方法や発表スキルを習得しなければ、人前で発表をすることに恐怖を感じてしまいます。本書では構成や話し方、ジェスチャーなどの一般的なスキルだけではなく、フックやストーリーテリング、伝わる工夫や修辞技法などプロのスピーカーが使っている技術を学びます。自信をもってステージに臨みましょう。

Part 2

伝わる
英語プレゼンテーション

Lesson 6 から Lesson 10 では、聞き手の理解と共感を得るプレゼンテーションをするための知識とスキルを学習します。構成や英語表現などの基礎的な知識に加えて、修辞技法やスライドデザインなどのスキルを習得し、効果的なプレゼンテーションを目指しましょう。

問題解決型プレゼンの構成

1.		2.		3.
問題解決型プレゼンの構成	▶	問題解決型プレゼンの英語表現	▶	通販番組に学ぶ問題解決型プレゼン

Learning Outcomes

☐ 問題解決型プレゼンの構成について理解し、説明できるようになる。

☐ 問題や解決策を提示する際の英語表現を使うことができるようになる。

☐ 問題解決型プレゼンの構成と表現を用いてセールス・ピッチができるようになる。

1 問題解決型プレゼンの構成

　スピーチ「My Three Reasons」では、理由を列挙する型のスピーチを実施しました。プレゼン「A Solution That Matters」では、問題解決型のプレゼンを行います。まず、序論部分で問題となっている現状を説明し、聞き手の関心を惹きつけて共感を呼び起こします。その後、なぜそのような問題が発生しているのか、その原因について説明します。そして、本論で具体的な解決策を提案し、最後に提案した解決策が実施されることによってどのような良い影響が期待できるかを述べます。

		例
問題 (Problem)	問題になっている現状について、写真やデータを用いて説明する	Increasing garbage in local parks （地域の公園におけるゴミの増加）
原因 (Cause)	なぜそのような問題が発生しているのか、その原因を述べる	Low frequency of garbage collection （ゴミの回収頻度が少ない）
解決案 (Solution)	具体的な解決策を提案する	Regular hosting of clean-up events （定期的なクリーンアップイベントの開催）
効果や展望 (Effect)	提案した解決策が実施されることによって、どのような良い影響が期待できるかを述べる	Safer and cleaner parks attracting more residents （公園がより安全で清潔になることで、住民にとって魅力的な場所になる）

Task 1

 以下の文章を読み、Problem / Cause / Solution / Effect の句切れにスラッシュを記入しましょう。

In Japan, many students fall victim to "black baito" with long hours and low pay. This happens because employers take advantage of students who need money and don't know much about labor rights. To stop this, the government could make stricter rules for part-time jobs, such as how much workers get paid and how long they can work. Schools and universities could also teach students about their rights and how to complain if a job is unfair. These changes would protect students, improve their work conditions, and help them balance their jobs with their studies.

Task 2

以下の内容を「Problem → Cause → Solution → Effect」の順番に並べ、記号を解答欄に書きましょう。

(1) How to solve traffic congestion

 (A) Charging fees to reduce traffic

 (B) Less traffic congestion and better air quality

 (C) Heavy reliance on cars for transportation

 (D) Too much traffic in a big city

$$(\quad) \rightarrow (\quad) \rightarrow (\quad) \rightarrow (\quad)$$

(2) Bridging the healthcare gap in rural areas

 (A) Lack of healthcare professionals such as doctors and nurses

 (B) Making a program that connects rural healthcare facilities with urban medical centers through telemedicine technology

 (C) Insufficient healthcare access in rural areas

 (D) Better healthcare access and health outcomes for people in rural areas

$$(\quad) \rightarrow (\quad) \rightarrow (\quad) \rightarrow (\quad)$$

(3) Making lunchtime smoother: Faster ordering, less waiting

 (A) More efficient food preparation and reduced wait times during lunch

 (B) The long lines at the school store during lunchtime

 (C) Students' indecision when choosing what to eat

 (D) Introducing a pre-ordering system for students to place lunch orders ahead of time through a mobile app

$$(\quad) \rightarrow (\quad) \rightarrow (\quad) \rightarrow (\quad)$$

(4) Making higher education more accessible

 (A) Financial burden faced by many university students

 (B) Implementing a system where university graduates contribute a small percentage of their income to fund current students' tuition

 (C) Reduced financial stress and a sense of community among university graduates and current students

 (D) The high cost of tuition fees

$$(\quad) \rightarrow (\quad) \rightarrow (\quad) \rightarrow (\quad)$$

> **参考** **問題解決型の構成を用いたプレゼン**
>
> Jane Chen さんの TED Talks「A warm embrace that saves lives」では、問題解決型の構成が使われており、ぜひ一度視聴したいプレゼンです。毎年 400 万人もの早産児が命を失っているという問題に触れ、その主な原因は赤ちゃんの体温を保つための保育器の不足であると指摘しています。その解決策として、低コストで衛生的で繰り返し使用可能な「エンブレース」という従来の保育器に取って代わる新しい製品を提案しています。さらに、この製品の普及によって何百万もの赤ちゃんの命を救えるという将来の効果や展望についても説明しています。プレゼンスキルにおいても学びの多いプレゼンなので、ぜひ視聴してみてください。

2 問題解決型プレゼンの英語表現

　問題解決型プレゼンは、聞き手の共感を呼び起こし、関心を惹きつけるための質問や、問題の原因を明確にし、具体的な解決策を提示するためのステートメントが含まれています。以下のタスクで問題解決型プレゼンの英語表現を確認しましょう。

Task

37 以下の空所に当てはまる語句を記入しましょう。その後、音声を聞いて確認しましょう。

問題の導入時

(1) Are you (t　　　　) (　　　　) waiting in long lines?
　　長い列に並ぶのにうんざりしていませんか？

(2) Have you ever been (f　　　　) by a slow internet connection?
　　インターネットの接続が遅くてイライラしたことはありますか？

(3) Have you ever found (y　　　　) feeling overwhelmed by a lot of homework?
　　たくさんの宿題に追われていると感じたことはありませんか？

その他の表現

Did you know that...? / How many of you have ever experienced...? / I'm sure many of you can relate to... / We all know how frustrating it can be to...

原因の導入時

(4) (O　　　) (　　　　) (　　　　) major causes of this problem is a lack of communication.
　　この問題の主な原因の 1 つはコミュニケーション不足です。

(5) Many things cause this problem, (i　　　　) too many cars in the city, not enough buses or trains, and more people living here.
　　市内に車が多すぎる、バスや電車の本数が少ない、住んでいる人が多いなど、さまざまなことがこの問題を引き起こしています。

その他の表現

The problem is caused by... / There are several factors that contribute to... / Studies have shown that...

解決策の導入時

(6) Here is (h   ) we can solve this problem.
この問題を解決する方法を紹介します。

(7) I (c   ) (   ) (   ) a solution that can reduce your stress and anxiety.
皆さんのストレスや不安を軽減できる解決策を考えました。

(8) (W   ) this in mind, I'd like to (i   ) "SpeedNet", a new internet service.
これを踏まえ、新しいインターネット・サービス「スピードネット」を紹介します。

その他の表現

The solution to this problem is here! / We can solve this problem by... / To address this problem, I propose... / With this, you can...

効果や展望の導入時

(9) By (i   ) this solution, we can save time and money.
この解決策を導入することで、時間とお金を節約することができます。

(10) This solution will (c   ) to our school's safety.
この解決策は私たちの学校の安全に貢献します。

その他の表現

We can expect to see a X% improvement in... / Imagine a future where... / Think about the big changes this small step can bring.

3 　通販番組に学ぶ問題解決型プレゼン

　多くの人が知らない、もしくは使っていないが、あなたがおすすめしたい便利アイテム（アプリや商品など）について英語で紹介しましょう。ここで参考になるのが、テレビで目にする通販番組です。一般的に通販番組は以下のような構成になっています。

 問題　聞き手の共感を得ましょう ▶  解決策　商品やサービスの特徴や使い方を説明しましょう ▶ 効果　得られる効果やメリットについて説明しましょう

炒め物をしている時、つい焦がしちゃうことありますよねー。

そこでおすすめしたいのが、こちら！このフライパン、全然焦げないんです！

洗い物も楽ちん！美味しいご飯をみんなで食べましょう！

※この構成には「1. 問題解決型プレゼンの構成」で確認した「原因」がありません。たまたま目に入った通販番組やCMにおいて、視聴者の関心は商品やサービス（いかにその商品やサービスが便利なのか）であり、問題の原因についてきちんと理解したいと思う人はあまりいないでしょう。このように聞き手の関心が解決策にある場合や、原因が明らかな場合、また原因が高度かつ複雑で理解するために専門的な知識を必要とする場合などは、原因の説明はほとんどなく、解決策に重点が置かれます。

Task

以下の質問の答えを記入し、発表の準備をしましょう。その後、例を参考に発表用のメモや原稿を記入しましょう。

(1) What app or item do you find useful?

_____

_____ (Solution に該当)

(2) What problem can it solve?

_____

_____ (Problem に該当)

(3) How did it change your life, or what impact can it have on you or society?

_____

_____ (Effect に該当)

例 🎧 38

Problem	Have you ever seen a box full of plastic umbrella bags in front of a supermarket on a rainy day? As we all know, the Japanese government started to charge for the plastic shopping bags in 2020, but we don't usually talk about charging for the plastic umbrella bags, right? But it goes without saying that they are made of plastic and they are harmful to the environment.
Solution	The solution to this problem is this（紹介するものを見せる）. This is my umbrella bag. Just like my bag for shopping, you can carry this around with you on rainy days. And you don't have to worry about rainwater dripping out of it because, as you can see, it has microfiber inside, which is super absorbent. And, you can use it many times. 

Effect	I believe this product will reduce the amount of plastic garbage and help prevent global warming. Why don't we start with this small change to make a bigger impact on this planet? Thank you.

メモや原稿

Problem	
Solution	
Effect	

Presentation Preparation 1

プレゼン「A Solution That Matters」の概要

　身の回りの問題に対する解決策を提案したり、ある会社の広報担当として既存の商品やサービスを紹介したりするなど、問題解決型の構成を用いてプレゼンをしましょう。普段の生活で「こうした方がいいのに…」と不便に感じることや、社会について不満に思うことはありますか？

タイトル例

- A solution to crowded trains
- How to reduce abandoned umbrellas in the classroom
- Say goodbye to café hunting: The app that finds you a seat

1. サンプルプレゼンの視聴と内容理解

▶ 08　　WEB コンテンツから、ワークシートをダウンロードしましょう。その後、サンプルプレゼンを試聴し、ワークシートを完成させましょう。

2. プレゼンのトピックと状況設定

　次ページのコラム「アイデアの紹介」を読みましょう。その後、WEB コンテンツからワークシートをダウンロードし、自分自身のプレゼンのトピックと状況設定を記入しましょう。

3. 聞き手分析

　WEB コンテンツから、ワークシートをダウンロードしましょう。想定する聞き手について考え、ワークシートを完成させましょう。

コラム　　アイデアの紹介　〜問題点や解決策を探すヒント〜

　プレゼン「A Solution That Matters」では、このレッスンで学んだ構成（Problem – Cause – Solution – Effect）を用いて、問題解決型のプレゼンを実施します。独自の解決策を提案する場合は、身近な問題に対し、自分なりのひと工夫を加えることを意識してみてください。以下、ビジネスコンテストや書籍で紹介されているアイデアと問題点や解決策を探す際のヒントを3つ紹介します。

身体も地域も元気にイエ〜イ。〜事業を繋ぐ18パンの思い〜

沖縄県立北部農林高等学校 ムジっ娘

　後継者不足で廃業した老舗のパン屋を引き継ぎ、ビール工場から排出される麦芽カスを練り込んだハード系パンを開発・販売するというアイデア。地域の原材料にこだわり、伊江島産の小麦・大麦・塩とオリオンビール工場から排出される麦芽カス（伊江島産大麦）を使用する。

➡ 自分たちが住んでいる地域の問題に着目し、地元の原材料に機会を見出した独創的なアイデアです。このように、問題を探す際は地域や学校、家庭など身近な範囲で探すようにしましょう。

出典：第10回「創造力、無限大 ∞ 高校生ビジネスプラン・グランプリ」
（https://www.jfc.go.jp/n/grandprix/assets/data/2023_finalist_bp10.pdf）

ルーミネイト 〜女性エンジニアの道をおもちゃが開く〜

Maykah Inc.

　理系に女性が少ないのは、生まれつきの性差によるものではなく、女の子が幼少期に理系のスキルを発展させるおもちゃに触れる機会が少なかったからだと考え、「ルーミネイト」を考案。ルーミネイトは一見すると普通のドールハウスだが、単に家を組み立てて人形を置くだけではなく、モーターを使ってファンを回したり、ケーブルで回路をつないで電気をつけたりすることができるので、楽しくエンジニアリングのスキルを学ぶことができる。

➡ 男の子はラジコンなどの機械、女の子はお人形といったジェンダーに関するステレオタイプや偏見を打破し、より多くの女性の理系分野への参加を促している素晴らしいアイデアです。このように、解決策を見出す際は、問題の根本的な原因（幼少期に理系スキルを養うおもちゃが女の子に提供されていないこと）を理解することが重要です。　　　　　　　　出典：『未来を変える目標 SDGs アイデアブック』

武装解除広告 〜広告キャンペーンでゲリラの投降をうながす〜

ホセ・ミゲル・ソコロフ（コロンビアの広告クリエイター）

　2017年、南米コロンビアにて半世紀に渡って続いていた内戦が終わった。そのきっかけはミサイルでも化学兵器でもなく「広告」だった。仕掛人のソコロフ氏は、ゲリラ兵の母親から彼らの幼少期の写真を借りた。その写真に「ゲリラになる前、あなたは私の子でした」というメッセージを記し、様々な場所に貼り、故郷への帰還をうながした。

➡ ミサイルや理屈による説得ではなく、家族との幼少期の写真を用いることで、ゲリラ兵は家族との絆を思い出し、投降しました。このように、解決策を見つける際は、直接的なアプローチだけでなく、感情や共感を呼び起こす方法も有効です。　　　　　　　　出典：『未来を変える目標 SDGs アイデアブック』

1.	2.	3.
グラフの目的と種類	グラフの説明方法	グラフを用いたアドバイス

Learning Outcomes

☐ グラフの目的と種類について理解し、データに合った適切なグラフを選択できるようになる。

☐ グラフを説明する際の流れや単語・熟語を理解できるようになる。

☐ 3種類のグラフを用いて、英語でアドバイスができるようになる。

1 グラフの目的と種類

　グラフは数値データを視覚的に表現する方法のひとつです。データを文字や数字だけでスライドに表したり口頭で説明したりするより、的確にわかりやすく聞き手に伝えることができます。

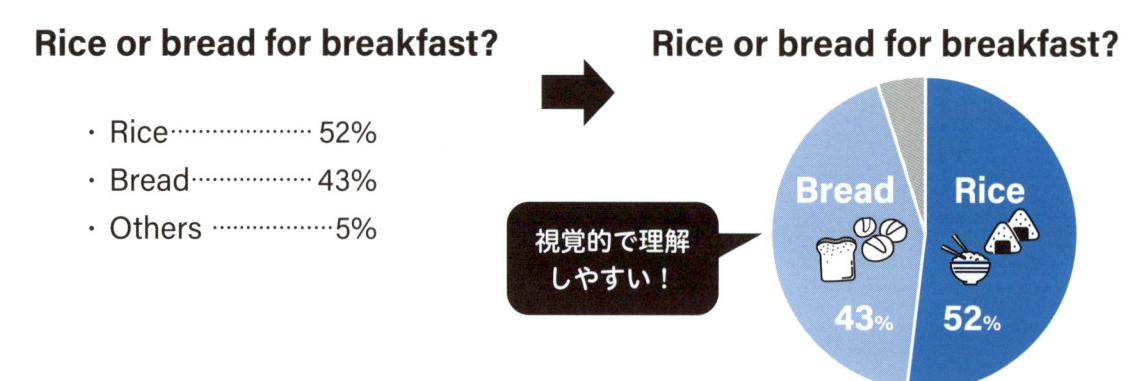

Rice or bread for breakfast?

・ Rice ················· 52%
・ Bread ··············· 43%
・ Others ·············· 5%

視覚的で理解しやすい！

Rice or bread for breakfast?

Bread　Rice

43%　52%

　グラフにはさまざまな種類がありますが、今回は円グラフ、棒グラフ、折れ線グラフについて学んでいきます。

円グラフ（Pie chart）

円グラフは全体を100%としてひとつの要素の割合を表現するのに適しています。

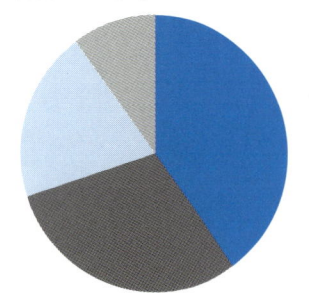

棒グラフ（Bar graph）

棒グラフは、人数や売上高など量の比較を表現するのに適しています。

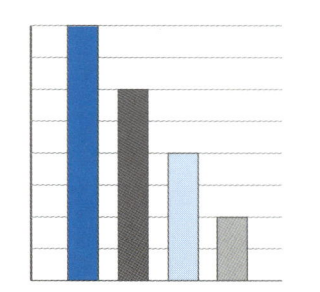

折れ線グラフ（Line graph）

折れ線グラフは、複数項目の変化や率の推移を比較したいときに適しています。

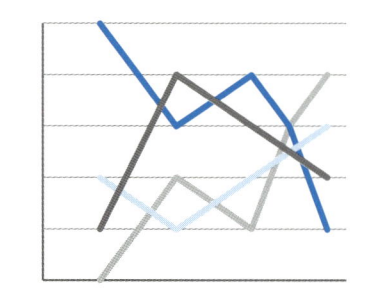

Task 1

以下 2 つのグラフは、各データを示すうえで適切なグラフが用いられていますか？ ペアやグループで話し合い、より適切なグラフのイメージを右側に描きましょう。

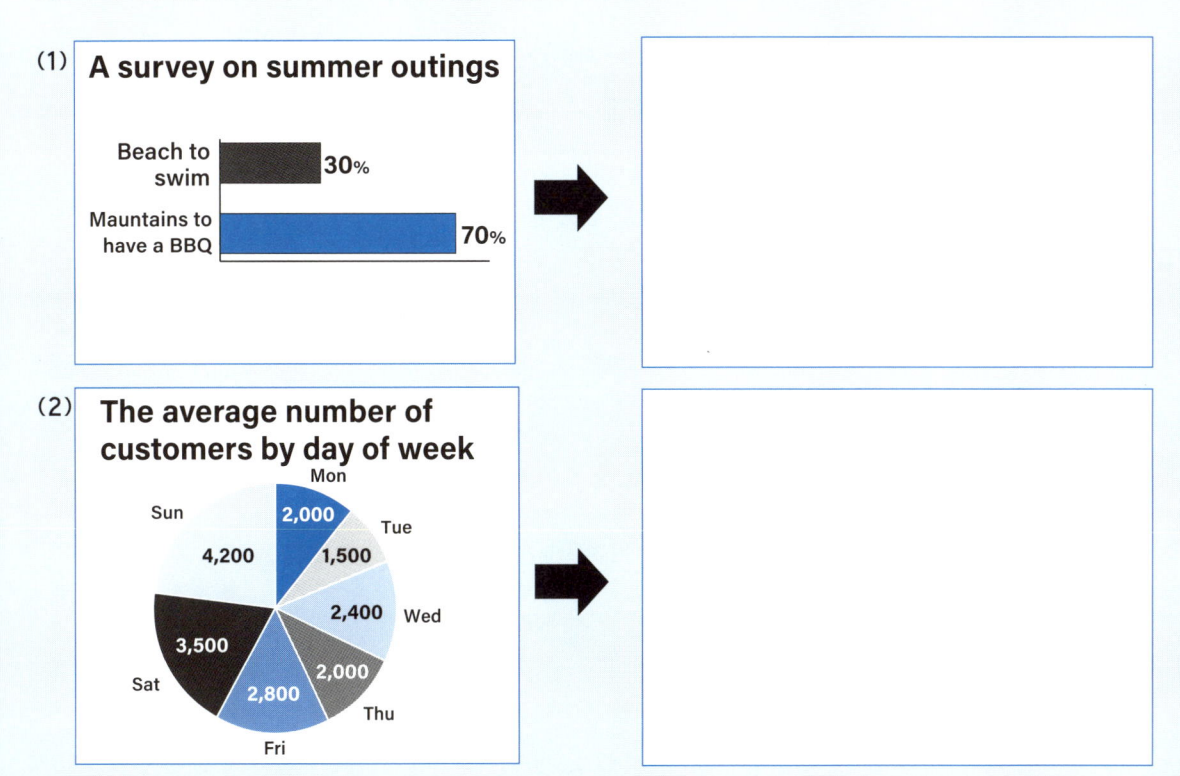

(1) **A survey on summer outings**

Beach to swim **30%**
Mauntains to have a BBQ **70%**

(2) **The average number of customers by day of week**

Mon 2,000 / Tue 1,500 / Wed 2,400 / Thu 2,000 / Fri 2,800 / Sat 3,500 / Sun 4,200

Task 2

以下の (1) 〜 (8) のグラフを作成する際、最も適切なグラフを考え、下に番号を記入しましょう。

(1) Gender ratio of customers

(2) X Company's stock price over the past 20 years

(3) Customer satisfaction rating by department

(4) Quarterly sales revenue of X Company

(5) Proportion of natural energy electricity

(6) Breakdown of X Company's revenue

(7) Comparison of medical expenses by country

(8) Trends in average annual income in Japan, South Korea, and the U.S.

円グラフ➡ _____

棒グラフ➡ _____

折れ線グラフ➡ _____

2 グラフの説明方法

説明の流れ

　グラフを説明するときは、「Show → Point → Detail → Conclusion」の流れを意識しましょう。まず、そのグラフが何を表しているのか示します（Show）。ここでは、グラフの見出しをわかりやすく言い換えて伝えましょう（言い換えが難しい場合は、そのまま見出しを伝えましょう）。次に、グラフの要点を説明します（Point）。さらに、その要点を裏付ける詳細を説明し（Detail）、最後に要点を繰り返したり、グラフからあなたが伝えたいメッセージを述べたりします（Conclusion）。

Task 1

 以下のグラフを説明する際、どのような順番で説明するのが適切だと思いますか？ (A) 〜 (D) を「Show → Point → Detail → Conclusion」の順に並べ替えましょう。

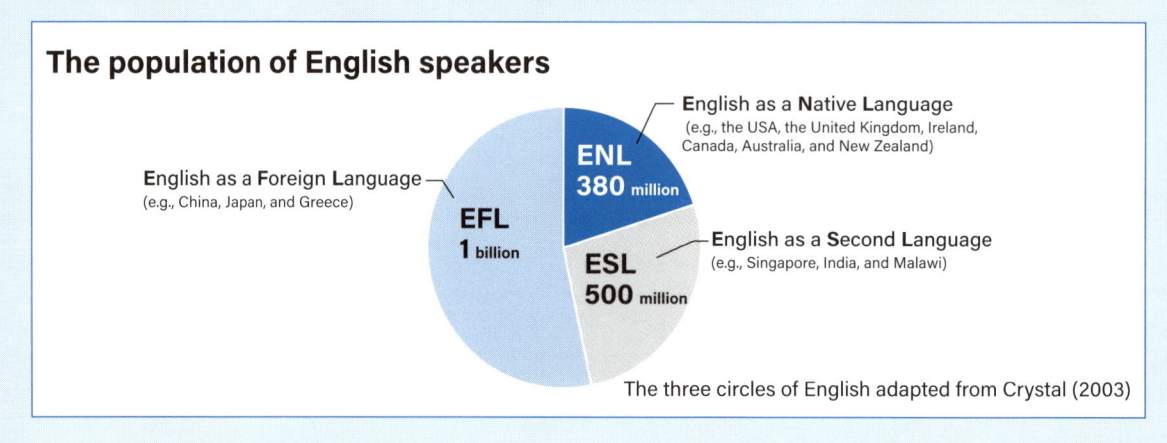

The population of English speakers

The three circles of English adapted from Crystal (2003)

(A) This chart tells us that we don't have to worry too much about our Japanese accent because the majority of English speakers are non-native speakers, just like us.

(B) This chart shows the population of English speakers around the world.

(C) The point of this chart is that there are more non-native speakers than native speakers.

(D) Let's take a closer look at the chart. There're 380 million native speakers living in the countries like the US, UK, Canada... In other words, 80% of English speakers are non-native speakers.

Show	Point	Detail	Conclusion

グラフを説明する際の英語表現

　英語でグラフを説明するのは難しそうですが、前述の流れと英語表現を覚えることでスムーズに説明できるようになります。以下の表は、それぞれの導入部分におけるフレーズを示しています。

流れ	役立つ英語フレーズ		
Show	This .	pie chart（円グラフ） bar chart/graph（棒グラフ） line chart/graph（折線グラフ） ※実際のプレゼンでは、グラフや図表の種類まで言及することは少なく、This chart だけの場合が多い。	show（表す） indicate（示す） illustrate（示す） compare（比較する）	グラフのタイトル
Point	The point of this chart is that...（このグラフのポイントは…） As you can see from the chart, ...（グラフからわかるように…） Overall, it is clear that...（概して、…ということは明らかである） What should be noted is that...（注目すべき点は…） What I'd like to emphasize is that...（私が強調したいのは…）		
Detail	Let's take a closer look at the chart.（グラフを詳しく見ていきましょう。）		
	※棒グラフの例 vertical axis 縦軸 hit a peak 最大値を付ける skyrocket 急上昇する plummet 急落する remain stable 一定の状態を保つ dotted line 点線 increase 増加する decrease 減少する hit the bottom 底を打つ fluctuate 上下に変動する upward trend 上昇傾向 horizontal axis 横軸		
Conclusion	So, this chart suggests...（つまり、このグラフが示唆しているのは…） This chart gives an important message to us.（このグラフは私たちに重要なメッセージを残しています。） The thing I want you to remember is that...（覚えておいてほしいことは…）		

以下の（　）に当てはまる語句を記入しましょう。その後、音声を聞いて確認しましょう。

(1) This pie chart (i　　　　　) how a typical person spends their money every month.
この円グラフは、一般的な人が毎月どのようにお金を使っているかを示しています。

(2) It is (c　　　　) that a (g　　　　) (p　　　　) of the budget is spent on housing.
予算のかなりの部分が住宅に費やされていることは明らかです。

(3) Housing is (　　　) (　　　　) expense, (a　　　　) (f　　) 35% of the budget.
住居費が最も大きな支出で、予算の 35% を占めています。

(4) Food (f　　　　　), taking up 30% of the budget.
食費が次に続き、30% を占めています。

(5) Entertainment, (i　　　) movies and concerts, is the (　　　　) (　　　　) expense.
映画やコンサートを含む（などの）娯楽費は 3 番目に大きいです。

(6) This bar graph (c　　　　) the annual salaries of individuals across different age groups.
この棒グラフは様々な年齢層の個人の年収を比較したものです。

(7) (T　　) (　　　) an (i　　) (　　　) the average salary until the age of 50.
平均給与は 50 歳まで上昇しています。

(8) The youngest group (20s) has (　　　) (l　　) salary at $30,000 per year.
最も若いグループ（20 代）の給与が最も低く、年間 3 万ドルです。

(9) The next group (30s) experiences a significant increase, (r　　　　　) an average salary of $50,000.
その次のグループ（30 代）は大幅に上昇し、平均給与は 5 万ドルに達します。

(10) The average salary for the group in their 40s (p　　　　) (　　　) $70,000.
40 代の平均給与は 7 万ドルで最大値に達します。

3　グラフを用いたアドバイス

　上で学んだ「説明の流れ」と「グラフを説明する際の英語表現」を参考にして、グラフを説明しましょう。グラフの種類（円グラフ、棒グラフ、折れ線グラフ）によって、説明の仕方を工夫しましょう。

Task 1

A さんは、真面目で論理的に物事を考えることができる大学生です。しかし、A さんには悩みがあります。それは、ゼミでの研究発表中、他の学生が A さんの話に耳を傾けていないということです。A さんは、間

違えないように原稿を一語一句正確に読み上げることを心がけています。以下の円グラフを参考に、A さんに英語でアドバイスをしましょう。

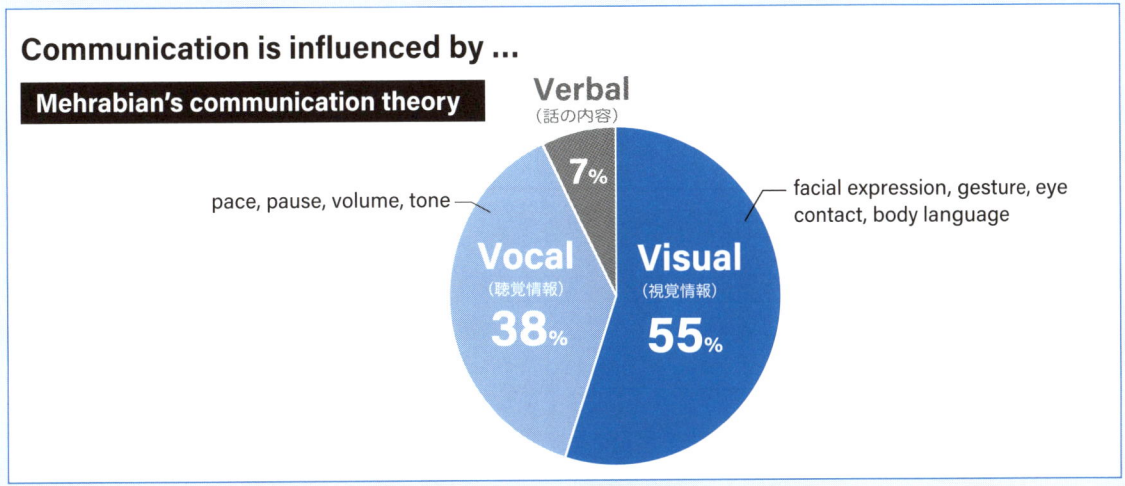

流れ	メモや原稿
Show	
Point	
Detail	
Conclusion	

あなたはX市に住んでいる20代です。X市では若い世代の投票率が低く、若者の意見が社会に反映されにくい現状があることを学びました。以下の棒グラフを参考に、同年代の友人に選挙に行くよう英語で促しましょう。

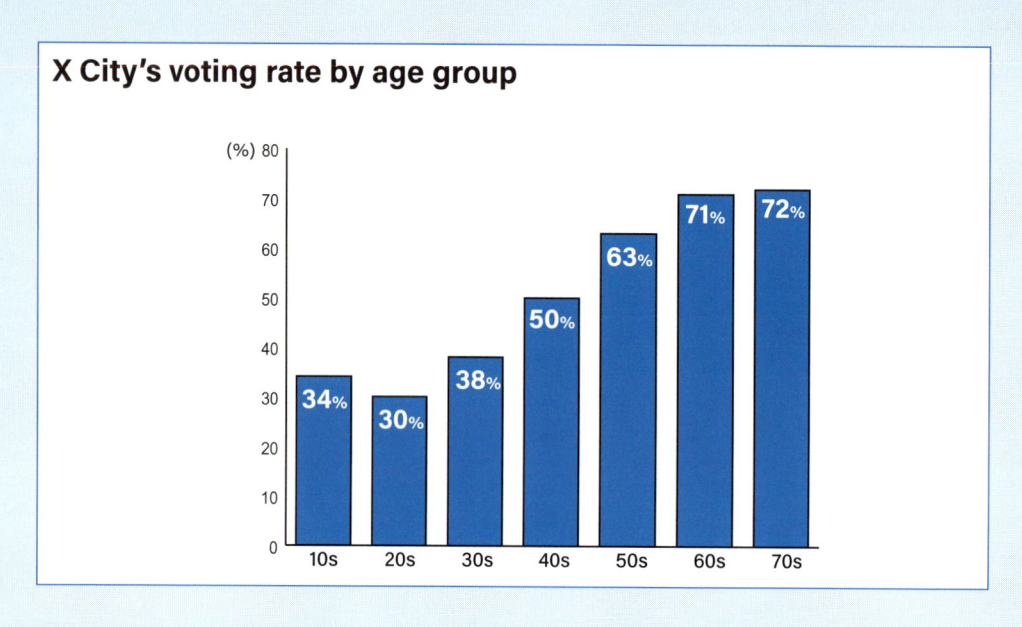

X City's voting rate by age group

ながれ	メモや原稿
Show	
Point	
Detail	
Conclusion	

Task 3

Aさんは、将来に備えるためにNISA（少額投資非課税制度）を利用して投資を始めようと決めました。しかし、その投資先として、日本の株価指数（Nikkei 225）に連動する投資信託とアメリカの株価指数（S&P 500）に連動する投資信託のどちらにするかで迷っています。以下の折れ線グラフを参考に、あなたの意見を用いてAさんに英語で助言をしましょう。

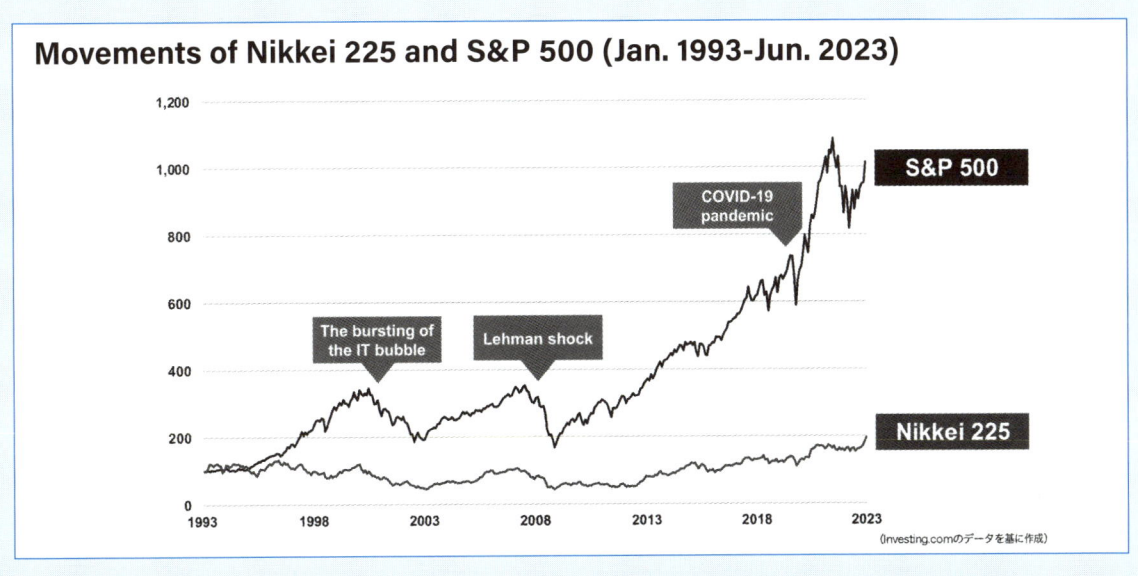

Movements of Nikkei 225 and S&P 500 (Jan. 1993-Jun. 2023)

(Investing.comのデータを基に作成)

ながれ	メモや原稿
Show	
Point	
Detail	
Conclusion	

Presentation Preparation 2

下調べと内容構成

　プレゼン「A Solution That Matters」に向けて下調べをし、以下の内容構成を英語で作成しましょう(WEBコンテンツからワークシートをダウンロードすることもできます)。その際、Lesson 6 の「問題解決型プレゼンの構成」をもう一度確認しましょう。また、プレゼンで既存のモノやサービスではなく、独自の解決策を提案する場合は、次ページのコラム「アイデアの生み出し方　〜問題解決の 3 ステップと手法〜」を参考にしてみてください。

タイトル：

Problem	(一文で簡潔に) ・ メモ
Cause	・ メモ
Solution	・ メモ
Effect	・ メモ

コラム　アイデアの生み出し方　〜問題解決の3ステップと手法〜

　プレゼン「A Solution That Matters」では、独自の解決策を提案する人もいるかと思います。しかし、独創的なアイデアを生み出すことは簡単ではありません。本コラムでは、解決策を生み出すまでの3つのステップと手法を紹介します。

1. 問題の特定

　まずは、解決すべき問題を特定しましょう。ここでのポイントは、自分たちの力で貢献または解決できるレベルまで状況をなるべく絞り込むことです。たとえば、プラスチックごみ問題についての解決案を発表する場合、「日本におけるプラスチックごみ問題」を取り上げるのではなく、「教室に残る放置傘問題」まで絞りましょう。「日本」という規模では政府や企業の取り組みが必要ですし、「プラスチックごみ」と言っても、ペットボトルやレジ袋、ストローなど多岐にわたります。適切なサイズの問題設定をしなければ、現実的で具体的な解決策を見出すことはできません。大きな社会問題は、身近な問題に置き換えましょう。

2. 原因の探究

　次に問題の原因を探究していきます。このプロセスをおろそかにしてしまうと、間違った解決策につながる可能性があります。たとえば、「電球が切れている」という問題に対してとる解決策は「新しい電球に取り替える」だけではありません。もし、天井内の「配線のサビ」が原因である場合、いくら新しい電球に取り替えたところで、電気がつくことはありません。

　原因を探究するときに役立つのが、なぜなぜ分析 (Five whys) です。検討すべき問題について、「なぜ？」を繰り返すことで、問題の根本的原因を突き止めていきます。上の「教室に残る放置傘問題」を例に考えてみましょう。まず、一番上に問題（「教室にたくさんの放置傘がある」）を記入します。続いて、「なぜたくさんの放置傘があるのか？」を考え、その答えを書き出します。このプロセスを何度も繰り返し、根本的原因を見つけていきます。なお、この手法は Five whys と言われていますが、問題の大きさによって「なぜ？」の回数が5回より多いことも少ないこともあります。

教室にたくさんの放置傘がある

⬇ なぜ？

持ち主が傘を持って帰らない

⬇ なぜ？

帰宅時に雨が止んでおり、持ち帰るのを忘れている

⬇ なぜ？

そんなに大切なものではないと思っている

⬇ なぜ？

コンビニやスーパーで安価に買うことができる

⬇ なぜ？

機能が最小限（雨よけ以外の価値がない）

3. 解決策の立案

　最後に、根本的な原因に対処するための解決策を考えていきます。具体的で実現可能性があり、独創的（ユニーク）な解決策を考えてみましょう。しかし、独創的なアイデアはどのように生み出されるのでしょうか？ここでは、数ある手法の中から「オズボーンのチェックリスト」を紹介します。これは、ブレイン・ストーミングを考案した Alex F. Osborn が提唱した手法で、アイデアが生まれにくいとき、さまざまな角度からの視点を使って強制的にアイデアを抽出する方法です。以下9つの切り口を当てはめて考えることで、思いもよらなかった独創的なアイデアが生まれることがあります。アイデア出しの段階では、実現可能性や想定される評価などは考えず、なるべくたくさんのアイデアを出しましょう。

オズボーンのチェックリスト

1. **転用（Other uses）**：他の使い道を見つける

   例　傘の生地を太陽光発電ができるものにし、モバイルバッテリーの機能を持たせる。

2. **応用（Adapt）**：他のアイデアを応用する

   例　スマートホームシステムを応用し、家を出るときに傘を開くとドアの施錠や電気の消灯が自動で行われ、帰宅時に傘を閉じると開錠と点灯が自動で行われる。

3. **変更（Modify）**：印象やデザインを変更する

   例　傘に LED ライトを埋め込んで、ビニール傘でも「映える」デザインにする。

4. **拡大（Magnify）**：大きくしたり、加えたりする

   例　足元までカバーしてくれる傘にする。

5. **縮小（Minimize）**：小さくしたり、取り除いたりする

   例　傘の販売を廃止し、雨具は軽量コンパクトなカッパに統一する。

6. **代用（Substitute）**：他のもので代用する

   例　パーカーのフードに防水加工を施すことで傘代わりにする。

7. **置き換え（Rearrange）**：置き換えたり、入れ替えたりする

   例　傘の柄（持つところ）を取り外し可能にし、一人ひとり異なるマイ柄にする。

8. **逆転（Reverse）**：逆にしたり、正反対の考え方を当てはめる

   例　傘は「立て掛けるもの」という常識を覆し、「自立するもの」にする。

9. **結合（Combine）**：2つ（以上）のものを組み合わせる

   例　傘とドローンを組み合わせ、進む方向に自動で動いてくれる。

伝え方の技術

1. わかりやすい伝え方3選 ▶ **2.** 聞き手を動かす伝え方2選

Learning Outcomes

☐ わかりやすく説明する方法（数字の変換、比喩、具体例）について理解し、実践できるようになる。

☐ 聞き手を動かす伝え方（「なぜ」から話す、比較）について理解し、実践できるようになる。

☐ 行動心理学の知見をプレゼンに活かす方法について理解できるようになる。

1 わかりやすい伝え方3選

　聞き手があなたの話を理解していないとき、それは必ずしも聞き手の理解不足だけが原因ではありません。相手に合わせた言葉選びや、聞き手の理解を高める工夫など、わかりやすく伝えることができなかった話し手にも原因があるはずです。特にプレゼンにおいて、聞き手に理解してもらえないことは、話し手にとって重要な機会を逸することになります。なぜなら、プレゼンの目的は聞き手に何らかの行動（承認、購入、投票など）をとってもらうことですが、理解してもらえなければそれに失敗してしまうからです。このレッスンでは、わかりやすく伝える工夫として3つの方法を学んでいきましょう。

数字をイメージしやすい内容に変換する

　下のイラストを見てください。2001年、Appleは5GBの音楽プレーヤー「iPod」を発売しました。どちらのキャッチコピーが魅力的だと思いますか？

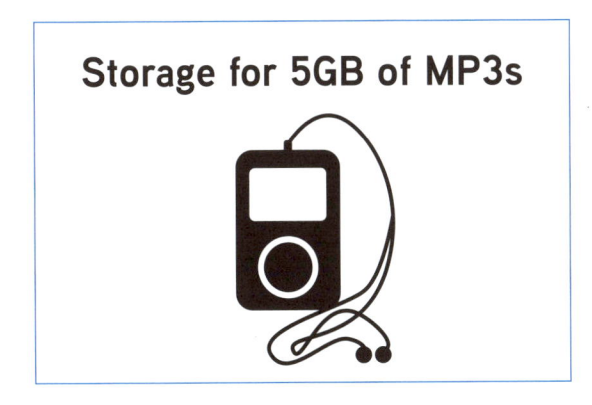

Storage for 5GB of MP3s

1,000 songs in your pocket

　左側は、正確な数字を用いて事実を伝えています。技術者にとっては有意義な内容かもしれません。しかし、ユーザー（消費者）にとって一番の関心事は「それで何ができるの？」ということです。右側のキャッチコピーは、その関心やニーズを見事に満たしています。このように、プレゼンで数字を説明する際は、聞き手にとって有意義でイメージしやすい内容に置き換えて伝えることが重要です。

Task 1

以下の数字について、聞き手がイメージしやすい内容に言い換えましょう。

(1) This juice contains 350 grams of vegetables. It means ...

➡ _____

(2) In Japan, 45 million tons of garbage are thrown away annually. In other words, ...

➡ _____

(3) It is said that 5.2 million hectares of forests disappear every year in the world. That is to say, ... (*1 ヘクタール= 10,000 平方メートル)

➡ _____

比喩で説明する

　抽象的または専門的な内容をわかりやすく説明する際は、比喩を用いて説明しましょう。たとえば、「愛（love）」という抽象的な概念をどのように説明しますか？　小説家であるニコラス・スパークス氏は、「Love is like the wind, you can't see it but you can feel it.（愛は風のようなもので、目には見えないが感じることができる）」というように、「愛」を「風」にたとえて、その特徴を説明しました。このように、like（〜のような）を用いて共通点を示すことで、抽象的または専門的な概念を身近なものを通してわかりやすく説明することができます。比喩を使って説明するときは、聞き手に馴染みがあるものでたとえることが重要です。

Task 2

🎧 41 比喩を用いて専門的な用語や抽象的な概念を英語で説明しましょう。なお、用語や概念は何でも構いません（例：gene, school, AI, the difference between Wi-Fi and Bluetooth など）。

> **例** 「小学生」に「コミュニケーション」を説明する。
>
> Communication is like playing catch. In catch, you need to wait for your friend to throw the ball to you before you can toss it back, right? Similarly, in communication, you have to listen carefully to what your friend says before you reply.

（誰）_____ に（何）_____ を説明する。

Task 3

手芸が大好きなおばあちゃんが作品をオンラインで販売するために下のパソコンを買おうとしています。しかし、メモリと SSD の違いがわからない様子です。比喩を使って、英語でわかりやすく説明しましょう。

メモリ 8GB
SSD256GB

メモリ…処理中のデータを一時的に保管しておく場所
SSD…保存済みのデータを格納する場所

具体例を示す

　Lesson 4 ではストーリーテリングのポイントとして、あいまいな副詞や形容詞（例：very huge → どれだけ大きい？）について数字を用いて具体的に表すことの重要性を学びました。今回は具体例を示すことでわかりやすく説明しましょう。プレゼンのテーマによっては専門用語や抽象的で複雑な概念を説明せざるを得ない場面もあります。その際、上で確認した比喩を使って表現したり、具体例を用いてわかりやすく説明したりする必要があります。

Task 4

あなたが関心のある分野で使われている用語や仕組み（例：スクイズ、サブスク、円安になると日本国内の物価が上がるなど）について、具体例を用いて英語でわかりやすく説明しましょう。

例

用語の定義や仕組み	➡ 具体例
In language learning theory, there's an idea called "i+1". This means that when you learn a language, you should learn from material that is a bit harder than your current level of the language.	Imagine you're new to learning English. If you try to learn from very advanced sources like CNN or The New York Times, it will be too difficult, almost like "i+2000". You won't understand much. What you really need is material that you mostly understand, but also has some new words and phrases to challenge you. This includes things like graded readers (books written for learners at different levels) and apps designed for your specific stage in learning English.

用語の定義や仕組み	➡	具体例

　プレゼンの目的を大別すると、情報を提供するもの (informative presentation) と、聞き手の行動を促すもの (persuasive presentation) があります。「わかりやすい伝え方」で学んだスキルは、聞き手に内容を理解してもらい、前者の目的を達成する上で非常に重要です。しかし、内容が伝われば十分というものではないことが、プレゼンの難しさであり、面白さでもあります。後者のプレゼンでは、話し手が望む聞き手の行動 (購入や承認) を引き出せるかが成否を分けます。以下、聞き手を動かす伝え方を 2 つ学びましょう。

「なぜ」から話す

　作家であるサイモン・シネック氏は、「How great leaders inspire action」と題した TED Talk で、なぜ Apple のような企業やキング牧師のようなリーダーは人々の心を動かし、社会を牽引することができたのか、以下の図 (ゴールデンサークル) を用いて説明しました。

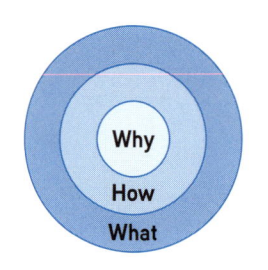

Why……目的や信念、思いやモットー

How……手段や方法

What……商品やサービス

　多くの企業は外側から内側へ (What → How → Why) の順に説明し、Why の重要性を見落としがちですが、シネック氏は、優れた企業はこの逆、つまり Why から始めて自社の商品やサービスを説明していると指摘しています。彼は、Apple のアプローチを具体例として挙げています。次ページの例の左側が What から説明するアプローチで、右側が Why から始めるアプローチです。「なぜ」から始める右側のアプローチは、より人の心を動かす効果があるのではないでしょうか。

We make great computers. `What`
They're beautifully designed, simple to use, and user-friendly. `How`
Do you want to buy one?

In everything we do, we believe in challenging the status quo*. `Why`
We challenge the status quo by making our products beautifully designed, simple to use, and user-friendly. `How`
We just happen to make great computers. `What`

*status quo「現状」

Task 1

Why → How → What の伝え方を用いて、あなたの要望を英語で伝えましょう（例：両親に留学を認めてほしい、インタビューやアンケートに協力してほしい、サークルやクラブに参加してほしい）。

例

望み		I want my parents to allow me to participate in a working holiday.
説明	**Why**	I've been thinking about how I can grow and change for the better.
	How	To grow and change, I believe I need to step out of my comfort zone and put myself in a completely different environment.
	What	So, I'd like to participate in a working holiday program. This isn't just about travel; it's about gaining insights and experiences that will deepen my understanding of myself. Can I have your support to seize this opportunity?

メモや原稿

望み		
説明	**Why**	
	How	
	What	

比較する

メリットを伝えるとき

以下の英文は、2007 年 Apple WWDC（世界開発者会議）のプレスリリース内の一部です。比較に注目して読んでみてください。 🎧45

> Apple® today introduced Safari™ 3, the world's fastest and easiest-to-use web browser for Windows PCs and Macs. Safari is the fastest browser running on Windows, based on the industry standard iBench tests, rendering web pages up to twice as fast as IE 7 and up to 1.6 times faster than Firefox 2.

"the world's fastest"（世界で最も高速）や、"twice as fast as IE 7 and up to 1.6 times faster than Firefox 2"（Internet Explorer 7 より 2 倍速く、Firefox 2 より最大 1.6 倍速い）というように、代表的なブラウザーと比較することで、Safari の速さを際立たせています。スティーブ・ジョブズが同会議で実施したプレゼンでは、Safari と Internet Explorer を用いて比較のデモンストレーションをし、聴衆を驚かせました。このように、私たちは他の選択肢と比較することによって、その商品やサービスの魅力や価値を判断する傾向があります。聞き手が知っている他のものと比較し、そのアピールポイントを効果的に伝えましょう。

Task 2

🎧46 比較をするときは、比較級や最上級、倍数表現を適切に用いることが重要です。以下の括弧に当てはまる語句を記入しましょう。その後、音声を聞いて確認しましょう。

(1) The cost of living in Tokyo is (h) ( ) that in Osaka.
東京の生活費は大阪より高いです。

(2) This research is ( ) (c) ( ) previous studies.
この研究は以前の研究よりも複雑です。

(3) The new software is (m) ( ) to use than the old one.
新しいソフトウェアは古いものよりもはるかに使いやすいです。

(4) This social media is more popular among teenagers ( ) (a) ( ) age group.
このソーシャルメディアは他のどの年齢層よりもティーンエイジャーの間で人気があります。

(5) This is ( ) (n) model of all.
これはすべての中で最新のモデルです。

(6) This is ( ) (m) ( ) issue we face today.
これは私たちが今日直面している最も重要な問題です。

(7) Chile is about ( ) ( ) (l) ( ) Japan.
チリは日本の約 2 倍の大きさです。

(8) Laptops today are ( ) ( ) (h) ( ) they were ten years ago.
今日のラップトップは 10 年前の半分の重さです。

(9) The amount of time it takes to commute to university is (　　　) (　　　) (I　　　) (　　　) it used to be.

大学への通学にかかる時間は、以前の 3 倍長くなっています。

(10) The number of students applying to university has (d　　　) in the past decade.

過去 10 年で大学への応募学生数は倍増しました。

デメリットを伝えるとき

　どんな商品やサービスにも、メリットだけではなくデメリットがあります。プレゼンをする際に気をつけたいことは、デメリットを隠さないということです。たとえば、「絶対に儲かる！」と聞いて皆さんはどのように思いますか？　多くの人は「そんなうまい話あるはずがない！」と感じるはずです。私たちには懐疑心が備わっており、メリットで固められた話には「何か裏があるのではないか？」といった警戒感や不信感を抱きます。それでは聞き手の行動を促すことはできません。デメリットはデメリットとして正直に伝えましょう。

　大切なのはどのように伝えるかです。デメリットは、(1) 比較を用いて緩和したり、(2) 相手にとって大きな問題ではないと感じてもらえるように説明することが大切です。

1. 比較を用いてデメリットを緩和する例

メリット	This vocabulary book comes with an app, and you can listen to the audio for all the words and phrases on your smartphone!
デメリット	The price is 3,000 yen, which is a bit expensive for a vocabulary book.
比較を用いてデメリットを緩和	But, you may have noticed that vocabulary books and audio CDs are typically sold separately, and in such a case, the price is usually double at about 6,000 yen. So, 3,000 yen is actually quite reasonable.

2. 相手にとってデメリットは大きな問題ではないと感じてもらう例

メリット	This castella cake here is 50% off!
デメリット	The reason for the discount is that it contains some irregularly cut pieces and offcuts*.
大きな問題ではないと感じてもらう	It's not the best choice for a gift, but the taste is the same. So, it's perfect for you to eat it at home.

*offcuts「切れ端」

Task 3

あなたは携帯ショップの店員です。男性がスマホのプランを契約するために来店しました。最適なプランを提案するためにスマホの使用目的を聞くと、男性は以下のように答えました。

> I use my phone mainly for text messages. I also check my email, read the news, and sometimes use the map app. I rarely play games or watch videos on my phone. I have Wi-Fi at home.

あなたは以下のどのプランを男性に薦めますか？　プランを1つに決め、そのプランのデメリットについても言及し、男性が「このプランを契約したい！」と思うように英語で説明しましょう。

	データ通信量	月額料金
プラン A	3GB	980円
プラン B	5GB	1,980円
プラン C	10GB	2,980円

※データ超過時は追加料金（1GB あたり 1,000 円）が発生する。

参考

3GB：軽いデータ使用（メール、ウェブ閲覧など）に適したデータ量。
5GB：SNS や定期的な動画視聴に適している。
10GB：頻繁な動画視聴やデータを多用するアプリにも対応。

以下の質問の答えを記入し、発表の準備をしましょう。その後、上で確認した例を参考に発表用のメモや原稿を記入しましょう。

(1) Which plan would you recommend?

_____

_____

(2) What is the advantage of the plan?

_____

_____

(3) What is the disadvantage of the plan?

_____

_____

(4) How can you explain the disadvantage so that it doesn't seem like a big deal?

_____

_____

メモや原稿

Presentation Preparation 3

原稿の作成

　Speech Preparation 3「原稿の作成 ―原稿を書き始める前に確認したい３つのこと―」を再度参照し、自身のプレゼン用の原稿作成を始めましょう。

コラム　行動心理学の知見を取り入れよう！

　聞き手の心を動かし行動を促すうえで、行動心理学の知見はとても有益です。たとえば、皆さんがオンラインショッピングをしているとき、「ベストセラー」「人気 No. 1」という表記があるものや、レビュー数が多いものを選ぶのではないでしょうか？　これは、「みんなそうしているから、私もそうしよう」という心理によるもので、行動心理学では「バンドワゴン効果」と呼ばれています。このように行動心理学はビジネスやマーケティングにも広く活かされています。ここでは、プレゼンに活かせる行動心理学の知見を紹介します。

返報性

　スーパーの試食コーナーでウインナーをもらい、丁寧な説明をしてもらい、1袋も買わずに立ち去るのは気が引けるかと思います。このように、相手から受けた好意やプレゼントなど、親切な言動に対してお返しをしたいという心理を、返報性の法則と言います。プレゼンでは、自己開示をする（自分自身の情報を提供することで聞き手との信頼関係が築かれ、聞き手からの好意を引き出す）、聞き手にとって価値ある情報を提供する、感謝の気持ちを述べる、質疑応答セッションを大切にするなどを意識しましょう。

損失回避

　賃貸のお部屋を内見していたときのことです。営業担当の方が「この物件とても人気で、このあとも内見されるお客さんがいるんです。早い者勝ちになるかもしれませんね」と言っていたので、その日のうちに契約の連絡をしたことを今でも覚えています。このように、私たちは、「得したい」という気持ちより、「失いたくない」「損したくない」という気持ち（損失回避）の方が強いのです。プレゼンでは、現在抱えている問題を放置すればどのようなリスクが待っているのか、提案する商品やサービスを導入しない場合の損失などに言及すると効果的です。

一貫性

　面白くないと感じた映画でも、半分以上観たら「最後まで観ようかな」と思ったり、目標を周囲に宣言したりすることで努力を継続しようとする心理を、一貫性の原理と呼びます。プレゼンや交渉では、Yesの一貫性を生み出すことで聞き手の行動を促しましょう。たとえば、プレゼンの冒頭で「皆さん、スマートフォンをお持ちですか？」と問いかけ、相手の「Yes」を引き出します。次に、「では、毎日複数のアプリを使いますか？」と続けて再度「Yes」を引き出します。さらに、「アプリを探すときに困ったことはありませんか？」と尋ね、もう一度「Yes」を引き出します。その後、「そのような方はぜひこの機能を使ってみてください」と提案することで、相手は一貫性を保つためにその提案を受け入れやすくなります。

行動喚起

　YouTube を視聴している際、動画の最後に「チャンネル登録よろしくお願いします」というフレーズをよく耳にします。動画の内容に共感したり、役立つと感じたりする際、返報性の心理に基づき登録ボタンを押すこともあるでしょう。このように、プレゼンの最後においても、聞き手に求める行動を簡潔に伝えることが重要です。日本では意見や要望を直接的に伝えるのではなく、伝えた情報やその文脈から意図を察してもらうコミュニケーションスタイルが一般的です。しかし、プレゼンでは、メッセージを明確にし、聞き手に望む行動を具体的に伝えることが望ましいです。

記憶に残る言葉の作り方

1.	2.
オバマもジョブズも使っていた修辞技法 5 選 ▶	聞き手を惹きつけるタイトルの作り方

Learning Outcomes

☐ 修辞技法とは何か説明できるようになる。

☐ 5つの修辞技法を用いて、記憶に残る言葉を作れるようになる。

☐ 聞き手を惹きつけるタイトルを作れるようになる。

1 オバマもジョブズも使っていた修辞技法 5 選

　料理に味を引き立てるスパイスがあるように、言葉にも文章やプレゼンに豊かな表現を与える「修辞技法（rhetorical devices）」があります。スピーチライターやコピーライターだけでなく、小説家や作詞家も多くの修辞技法を駆使して言葉を創造しています。また、私たちが知っている多くの名言にも様々な修辞技法が用いられています。修辞技法を学ぶことで、メッセージをより魅力的で記憶に残るものへと変えることができます。このレッスンでは、数ある修辞技法の中から、対照法（antithesis）、繰り返し法（repetition）、比喩（metaphor）、誇張法（hyperbole）、修辞疑問（rhetorical question）を学習しましょう。

対照法（antithesis）

　対照法とは、自分が主張したい内容とは真逆の内容を前に置き、それを否定することで、後に置く本当に主張したいメッセージを際立たせるという方法です。基本的な構造は、not A, but B です（not only A, but also B と混同しやすいので注意してください）。たとえば、『踊る大捜査線』という映画で流行った「事件は会議室で起きてるんじゃない！ 現場で起きてるんだ！」という言葉でも対照法が使われています。「会議室」と「現場」の対比を作ることで意味が強調されるだけではなく、リズムやバランスも整い、記憶に残りやすい言葉になっています。比較的作りやすく、とても効果的なテクニックです。

対照法の例

- "Ask not what your country can do for you, ask what you can do for your country."
  （国が自分に何をしてくれるかを問うのではなく、自分が国のために何ができるかを問うてください）

  ジョン・F・ケネディ（第 35 代アメリカ合衆国大統領）

- "There's not a liberal America and a conservative America. There's the United States of America." （リベラルなアメリカも、保守派のアメリカもない。あるのは、アメリカ " 合衆国 " なのだ）

  バラク・オバマ（第 44 代アメリカ合衆国大統領）

- "That's one small step for a man; one giant leap for mankind."
  （これは 1 人の人間にとっては小さな一歩だが、人類にとっては大きな飛躍である）

  ニール・アームストロング（宇宙飛行士）

Task 1

What matters is the depth of life.（重要なのは人生の深さだ）を、対照法を用いて表現しましょう。

Step 1. 強調したい部分を決める

Step 2. 強調したい言葉の対義語や逆の概念を考える

Step 3. 対義語や逆の概念を前に起き、それを否定し、not A, but B の形にする

繰り返し法（repetition）

　繰り返し法には、大きく分けて、文の始まりで同じ言葉を繰り返す首句反復（anaphora）と、文の終わりで同じ言葉を繰り返す結句反復（epiphora）があります。聞き手の注意を引く、メッセージを強調する、感情を呼び起こす、インパクトのある終わり方をする際に効果的です。今回は、文の始まりで同じ言葉を繰り返すテクニックを学びましょう。

繰り返し法の例

- "One child, one teacher, one book, one pen can change the world."
  （1人の子ども、1人の教師、1冊の本、そして1本のペン、それで世界を変えることが出来ます）

  マララ・ユスフザイ（人権運動家）

- "We shall fight on the beaches; we shall fight on the landing grounds; we shall fight in the fields and in the streets; we shall fight in the hills; we shall never surrender."
  （我々は海岸で戦い、我々は上陸地点で戦い、我々は野原や街頭で戦い、我々は丘陵地帯でも戦う。我々は決して降伏しない）

  ウィンストン・チャーチル（イギリスの政治家）

- "Together, we will make America strong again. We will make America wealthy again. We will make America proud again. We will make America safe again. And, yes, together, we will make America great again."
  （共にアメリカを再び強くしましょう。アメリカを再び豊かにしましょう。アメリカを再び誇りある国にしましょう。アメリカを再び安全な国にしましょう。そして、そう、共にアメリカを再び偉大な国にしましょう）

  ドナルド・トランプ（第45代アメリカ合衆国大統領）

あなたが主張したい内容について繰り返し法を用いて表現しましょう。

Step 1. 主張したい内容を決める（ **例** Let's go vote!）

_____

Step 2. 繰り返す言葉を決める（ **例** Your vote）

_____

Step 3. 内容を付け加える

（ **例** Your vote is your voice. Your vote is your chance to make a difference. Your vote can shape the future of this country. Your vote matters!）

_____

Step 4. 声の大きさや抑揚を意識して読んでみる

比喩（metaphor）

　比喩には、直喩法、隠喩法、擬人法などがありますが、ここでは「何かにたとえること」と考えましょう。比喩やたとえ話は、伝えたい内容が抽象的な概念である場合や、聞き手にとって馴染みがない場合に効果的です。

比喩の例 🎧 51

- "If you're trying to create a company, it's like baking a cake. You have to have all the ingredients in the right proportion."
  （会社を作るのはケーキを焼くことに似ている。すべての材料を適切な割合で揃えなければならない）

  イーロン・マスク（実業家）

- "A computer has always been a bicycle of the mind."
  （コンピューターは常に知性の自転車であった）　　　　スティーブ・ジョブズ（Apple 社の共同創業者）

- "You cannot predict the outcome of human development. All you can do is like a farmer create the conditions under which it will begin to flourish."
  （人の成長は予測できない。できることは、農夫のように、成長が花開くための土台を作ることだけだ）

  ケン・ロビンソン（教育学者）

Task 3

物理学者アインシュタインは、Life is like riding a bicycle. という言葉を残しました。この言葉の後に続く内容（「人生」と「自転車に乗ること」がどのように類似しているのか）を考え、英語で記入しましょう。

Life is like riding a bicycle. _____

Task 4

「モチベーション」を比喩で表現しましょう。

Step 1. たとえるものの性質や特徴を 2 〜 3 つ書き出す

_____

_____

Step 2. Step 1 で書き出した性質や特徴をもつ他のものを考える

_____

Step 3. 空所に Step 2 で考えたものを入れる

Motivation is like _____.

Step 4. 上の文に続けて、どのように似ているのかを説明する

_____

誇張法（hyperbole）

　誇張法とは、名前のとおり内容を大げさに表現することで強い印象を与える技法です。たとえば、「笑いすぎて顎が外れるかと思いました」という表現が誇張法にあたります。「たくさん笑いました」と同じ意味ですが、実際にはほとんど起こらない「顎が外れる」という誇張表現を使うことで、大笑いした情景が鮮明にイメージされます。メッセージを強調したい、ユーモアを取り入れたいときに効果的な技法です。なお、頻繁に用いるとプレゼンターとしての信頼を損ねてしまうので適切な場面で取り入れましょう。

誇張法の例

- **"I have a million ideas."**
  （アイデアはいくらでもある）　　　　　　　　　　　ヒラリー・クリントン（アメリカ合衆国の政治家）

- **"When we organize, mountains move."**
  （私たちが団結すれば、山も動かせる）　　　　　カマラ・ハリス（アメリカ合衆国の政治家）

Task 5

The people became very silent.（人々は静まり返った）を「誇張法」を用いて表現しましょう。

Step 1. 強調したい部分を決める

（ **ヒント** 誇張法は、「程度」を表す時によく使われます）

Step 2. 強調したい部分を大げさに表現する

（ **ヒント** 普通は聞こえない音にはどのようなものがありますか？）

修辞疑問（rhetorical questions）

　修辞疑問とは、一般的な疑問文とは異なり、疑問文の中に答えが暗示されているものを示します。たとえば、2013年に流行語大賞を受賞した「今でしょ！」（予備校講師　林修氏）を引き出す「いつやるか？」という疑問文は、聞き手に答えを求めているわけではなく、「行動するのは今しかない」というメッセージを疑問文で伝えています。このように、疑問文を用いて自分の考えや主張を相手に伝える技法を修辞疑問と言います。

修辞疑問の例

- **"What are you waiting for?"**（何を待っているのですか？）
  ➡ 今すぐ行動すべきだというメッセージを伝えている

　　　　　　　　　　　　　　　　　　　　　　マット・カッツ（ソフトウェア・エンジニア）

- **"Do we participate in a politics of cynicism or a politics of hope?"**
  （私たちは冷笑主義の政治に参加するのか、それとも希望の政治に参加するのか？）
  ➡希望ある政治に参加することの重要性を訴えている

　　　　　　　　　　　　　　　　　バラク・オバマ（第44代アメリカ合衆国大統領）

- "Do you want to spend the rest of your life selling sugared water or do you want a chance to change the world?"
(君は一生砂糖水を売り続けるのか？　それとも世界を変えるチャンスをつかむのか？)

➡ スティーブ・ジョブズが 1983 年に、当時ペプシコーラの社長だったジョン・スカリーを Apple 社の CEO に招いた際に発した有名な言葉。現状に満足せず、より大きな目標に向かって努力することの重要性を伝えている

スティーブ・ジョブズ（Apple 社の共同創業者）

Task 6

あなたが主張したい内容について修辞疑問を用いて表現しましょう。

Step 1. 主張したいことを決める
例 Voting plays an important role in shaping the future.

_____

Step 2. 反語や対比を意識して、疑問文を作る
反語の例 How can we shape tomorrow by not participating in the vote today?
対比の例 Do we choose to be silent and let others decide, or do we participate and shape the future?

_____

2　聞き手を惹きつけるタイトルの作り方

　書店に立ち寄ったときや発表のプログラムを見るとき、多くの人はまずタイトルを読んで、その本を手に取るか、その発表を聞きに行くかを決めます。もしタイトルが「つまらなそう…」と思われてしまったら、中身がいくら素晴らしくても、興味をもってもらうことは難しいでしょう。では、どのようにして聞き手を惹きつけるタイトルを作ることができるのでしょうか？　ここでは、そのためのポイントを 4 つ紹介します。

1. How to の型を用いる（ **例** How to solve traffic congestion in urban areas）

　How to から始まるタイトルは、問題解決型プレゼンの定番です。この型を用いることで、簡潔に表現できるだけではなく、解決方法やメソッドを学べることを期待させ、聞き手の興味を惹くことができます。TED Talks の視聴回数上位 20 のプレゼンのうち、4 つのプレゼンタイトルに「How to」が使われています（「How to speak so that people will listen」など）。

2. 数字を含める（ 例 3 simple ways to save more money）

　数字を含んだタイトルは視覚的に目立つだけではなく、情報が整理された印象を聞き手に与えたり、期待感を持たせたりする効果があります。『7 つの習慣』や『伝え方が 9 割』などのベストセラーにも数字が使われたり、「10 ways to have a better conversation」や「8 secrets of success」などの TED Talks のタイトルにも数字が使われたりしています。

3. 疑問文にする（ 例 What should you do before 20?）

　プレゼンの出だしで聞き手の関心を惹きつけるフックのひとつとして「質問」を学びましたが、これはタイトルでも効果的です。『チーズはどこへ消えた？』や『君たちはどう生きるか』などのベストセラーにも、「Do schools kill creativity?」や「What makes a good life? Lessons from the longest study on happiness」などの TED Talks のタイトルにも疑問文や問いが使われています。タイトルを疑問文にすることで、聞き手は自分自身に問いかけられているような気持ちになり、その答えを知ろうとプレゼンに興味を持ってくれるかもしれません。聞き手の興味や関心を分析し、好奇心を刺激するような疑問文のタイトルを作りましょう。

4. ベネフィットを強調する（ 例 Introducing "ABC" to improve your sleep quality）

　ビジネスやコミュニケーションにおいて、相手にとってのメリットや利益を強調することの重要性を示す「WIIFM（What's in it for me?）」という言葉があります。聞き手の多くは、あなたのためにプレゼンを聞いているのではなく、自分自身の成長や利益のためにプレゼンを聞いています。「The secrets of learning a new language」や「The habits of happiness」などの TED Talks のタイトルのように、聞き手にとって役に立つ情報、利益や幸福を考慮したタイトルを作りましょう。

Task

以下 (1)～(4) のタイトルを修正しましょう。

(1) Balancing work and study

　　How to の型を用いると ➡ _____

(2) Increasing team collaboration

　　数字を含めると ➡ _____

(3) Importance of healthy eating

　　疑問文にすると ➡ _____

(4) Developing presentation skills

　　ベネフィットを強調すると ➡ _____

Presentation Preparation 4

初稿の完成

　これまでのレッスンで学んだ内容を活かして、プレゼンの原稿を完成させましょう。その際、以下のチェックリストを確認してください。

原稿のチェックリスト

	チェック項目	✔
基本	氏名とタイトルがある	☐
	タイトルはテーマに沿っている	☐
	全体の語数は、指定の発表時間に適切である	☐
構成と文章表現	適切な文章構成である（問題 – 原因 – 解決策 – 効果）	☐
	セクション間をつなぐサインポストや、セクション内の流れを明確にするトランジションが適切に用いられている	☐
	難しい単語や表現は使わず、わかりやすい英語で表現している	☐
	書き言葉ではなく、話し言葉を使っている	☐
	わかりやすい伝え方や聞き手を動かす伝え方を取り入れている	☐
	修辞技法を適切に取り入れている	☐
	タイトルに聞き手を惹きつける工夫がある	☐
序論 **（問題の提示＋** **原因の特定）**	聞き手の興味関心を惹きつける効果的なフックがある	☐
	問題や現状を提示している	☐
	問題を示す説得材料（データやストーリー）がある	☐
	問題の原因が述べられている	☐
本論 **（解決策）**	解決策が示されている	☐
	問題を解決するのに有効な解決策と言える	☐
	解決策についてわかりやすく具体的に述べられている	☐
結論 **（効果や展望）**	期待される効果や希望について述べられている	☐
	終わりに聞き手の印象に残るような工夫がある	☐

伝わるスライドの作り方

1. 伝わるスライドの特徴	▶	2. スライドでの文字表現	▶	3. リスニングで学ぶスライド修正活動	▶	4. 伝わるスライドの作り方

Learning Outcomes

☐ 文書資料と視覚資料の違いを理解し、伝わるスライドの特徴について説明できるようになる。

☐ 簡潔なフレーズや一貫性のある文法形式で表すことができるようになる。

☐ 文字、写真、グラフ、図表を用いた効果的なスライドを作成できるようになる。

1 伝わるスライドの特徴

　右のスライドのように、文字が多く書かれたスライドを見たことはありませんか？　プレゼンの専門家、ガー・レイノルズ氏は、このようなスライドを「スライジュメント」と呼んでいます。スライジュメントは、「スライド（slide）」と「ドキュメント（document）」の合成語で、文書資料をそのままスライドに転用したものを指します。文書資料（Word や Pages など）と視覚資料（PowerPoint や Keynote など）の役割の違いを正しく理解し、伝わるスライドを作成することが重要です。

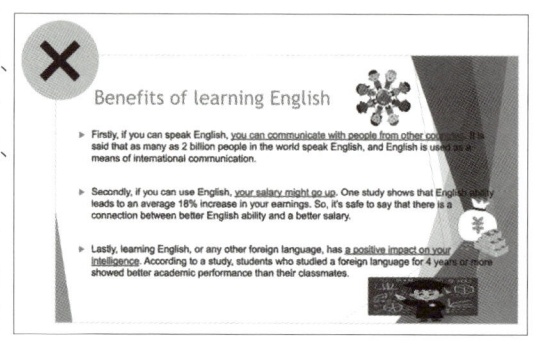

スライドは紙芝居

　下の 2 つの写真を見てください。紙芝居をする時、聞き手に見せるのは A の絵の面でしょうか？　それとも B の文の面でしょうか？

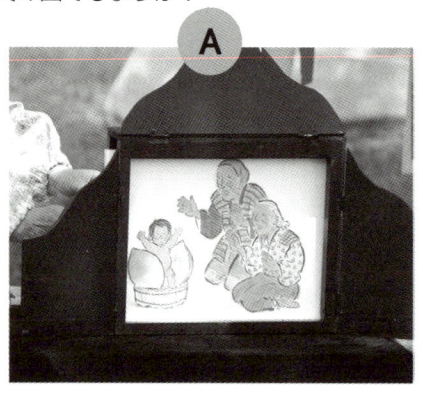
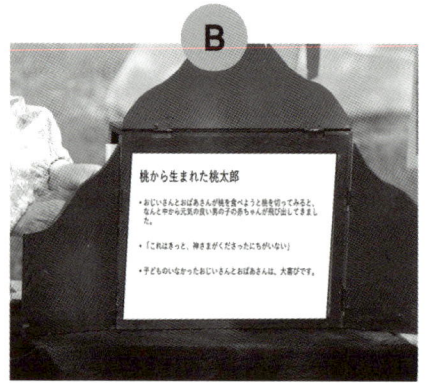

　もちろん「A」です。紙芝居では、語り手が 1 枚ずつ絵を見せながら聞き手に物語を伝えます。絵を使わなくても物語を伝えることはできますが、絵を用いることで、聞き手はより簡単にストーリーを理解することができるのです。

　プレゼンでも同じです。スライドがなくても内容を伝えることはできますが、写真や動画、図表やグラフなどの視覚情報を示すことで、聞き手の理解を促し、印象的で記憶に残りやすいプレゼンにすることができます。このように、紙芝居もプレゼンも内容を伝えるのは語り手（プレゼンター）、画面（スライド）に示すのは視覚情報であるという原則を忘れないようにしましょう。

Task

以下の空所に当てはまる内容を考え、記入しましょう。

文書資料の特徴 （レジュメやレポートで使用）	視覚資料の特徴 （プレゼンで使用）		伝わるスライドにするためには？
読んで理解する	(1)	▶	(5)
資料が内容を伝える	(2)	▶	(6)
各自のペースで読む	(3)	▶	(7)
手元に持って近くで読む	(4)	▶	(8)

伝わるスライドの定義を 1 文で表しましょう。

➡ _____

2　スライドでの文字表現

　スライドは読んで理解するものではなく、見て理解するための視覚資料です。そのため、文字をなるべく少なくし、簡潔に表現することが重要です。特に、「文ではなくフレーズを用いる」と「文法形式に一貫性を持たせる」ことを意識しましょう。

文ではなくフレーズを用いる

　プレゼンを聞きながら、同時にスライドの文字も読んで理解するのは、ほとんどの人にとって難しいでしょう。そのため、文字情報は、次の右側のスライドのようにフレーズで簡潔に示し、聞き手が一瞬で理解できるようにすることが重要です。

| **Three skills needed for university students** | **Three skills needed for university students** |

Three skills needed for university students	Three skills needed for university students
1. Being able to manage your time effectively is important. 2. If you have communication skills, you can effectively work with others and communicate your thoughts. 3. You will need to be self-motivated and able to learn on your own.	1. Time management 2. Effective communication 3. Independent learning

Task 1

 以下のプレゼン原稿を読みましょう。その後、ソーシャルメディアの利点3つを英語で簡潔に表しましょう。

Three benefits of social media

There are three benefits of social media. The main benefit is how easily it allows us to connect with others. We can easily keep in touch with friends and family, and we can even meet new people from around the world. Another benefit is how social media changes the way we receive and share information. We can quickly find out about the latest news, events, and our interests. Lastly, social media is really useful for companies to showcase who they are. It's great for making their brand known and advertising what they sell. All these points show why social media is really important in our lives today.

Three benefits of social media
1.
2.
3.

文法形式に一貫性を持たせる

　以下の2つのスライドを比較してください。左側のスライドでは、名詞句や動詞の原形、動名詞で始まる項目が混在しており、文法形式に一貫性が欠けています。一方、右側のスライドでは、すべての内容が同じ文法形式（動詞の原形＋目的語）に統一されており、一貫性が保たれています。スタイルの統一性が保たれた文書は、読み手にとって理解しやすく、プロフェッショナルな印象を与えます。一方で、スタイルが一貫していないと、内容が散漫であると受け取られ、メッセージの信憑性や説得力が損なわれる可能性があります。

Four steps of writing an essay	Four steps of writing an essay
1. Choose a topic	1. Choose a topic
2. Audience analysis	2. Analyze the audience
3. Conducting research	3. Conduct research
4. Creation of an outline	4. Create an outline

Task 2

1の文法形式に合わせて、2〜4を記入しましょう。

(1)

Steps for a successful job search	Steps for a successful job search
1. Self-analysis	1. Analyze oneself
2. Company and industry research	2.
3. Resume and cover letter writing	3.
4. Interview preparation	4.

(2)

Key elements of a successful business	Key elements of a successful business
1. Diverse cultures	1. Cultural diversity
2. Growth of the economy	2.
3. Responsibility to society	3.
4. Sustainability of the environment	4.

3 リスニングで学ぶスライド修正活動

Task 1

ペアかグループで以下の 2 つのスライドを分析し、どのように改善するべきか右に記入しましょう。

(1) オリンピックの開催地になることの反対理由として、治安（security）について説明したスライド

1.security

There is a possibility of terrorism.
Actually,,,,,
・In 1972, 11 athletes were killed at the Munich Olympics by a terrorist group.

・In 1996, at the Atlanta Olympics, an explosion happened, resulting in the deaths of 2 people and injuries to more than 100 people.

▶

改善点

(2) 日本の出生数を年別に比較したグラフを示したスライド

Graph of the number of births in Japan

The number of births

What do you think?

References: Ministry of Health, Labour and Welfare, "Trends in the number of births and total fertility rate"

▶

改善点

Task 2

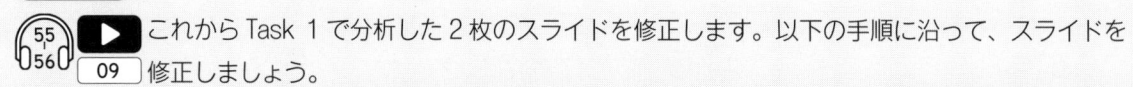 これから Task 1 で分析した 2 枚のスライドを修正します。以下の手順に沿って、スライドを修正しましょう。

1. WEB コンテンツから、(1)「オリンピック…」の PowerPoint ファイルをダウンロードしましょう。

2. (1)「オリンピック…」の音声（設定：先生と学生の英語での会話で、先生が上のスライドの修正点についてアドバイスをしている）を聞きましょう。

3. 音声内のアドバイスにしたがって、スライドを修正しましょう。

4. 修正が終わったら、ペアかグループで修正したスライドを見比べ、WEB コンテンツにある会話のスクリプトや修正過程の動画を見て、正しく修正できたか確認しましょう。

5. (2) の修正も同様に行いましょう。

4 伝わるスライドの作り方

　スライドを使用する目的は、視覚情報を示して、聞き手の理解を高めることです。プレゼンでは、視覚情報として主に写真、グラフ、図表を示します。なお、ここでご紹介するスライドはモノクロになっていますが、ウェブサイト上でカラーのスライドを閲覧・ダウンロードすることができます。

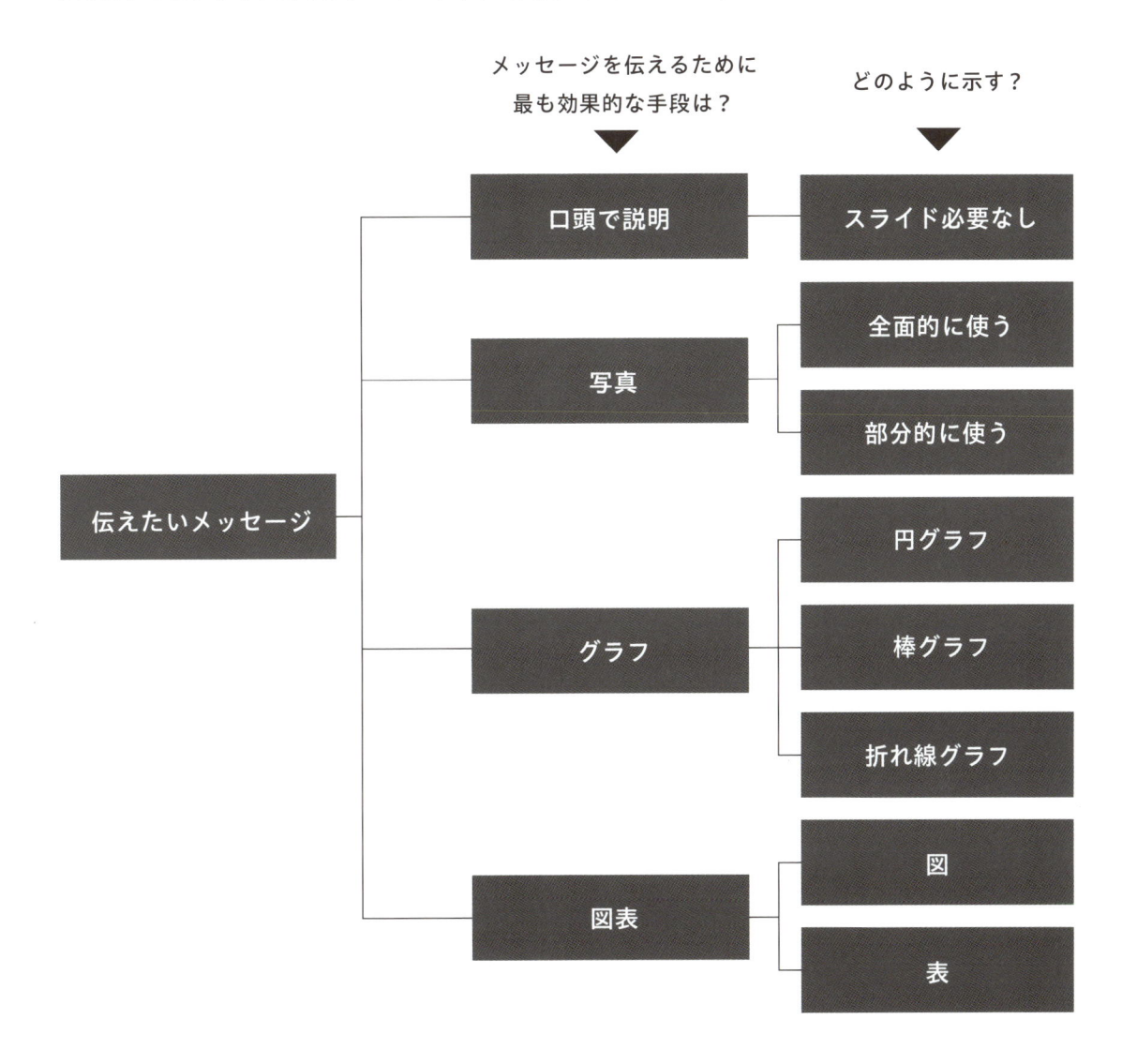

写真

　「A picture is worth a thousand words.（百聞は一見にしかず）」ということわざがあるように、言葉での説明よりも自分の目で見た方が、内容や状況をより良く理解することができます。情景や人物を示すとき、説明を視覚的に補足するとき、ストーリーを語るとき、感情的な要素を強調したいときに写真を用いると効果的です。

写真を全面に示し、スライドの背景として使用しましょう。写真の上に文字を配置する際は、写真の色調に合った文字色を選ぶことが重要です。なお、英字フォントは Arial、Calibri、Segoe UI などのシンプルで明瞭なデザインを持ったものが読みやすく、おすすめです。

写真の上に文字を配置する際、写真が単色であればはっきり文字が見えますが、複数の色がある写真の上に文字を置くと、読みにくくなってしまいます。そのような場合は、半透明の四角形や図形を写真と文字の間に入れましょう。その他に、文字に影をつけたり、写真を暗くしたりすることで、文字を見やすくすることができます。

 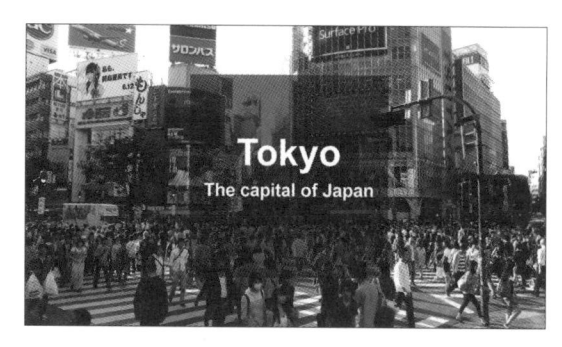

また、グラデーションやぼかしを使うことで文字を見やすくすることができます。

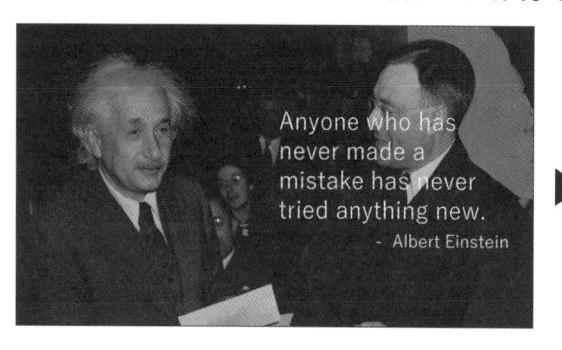 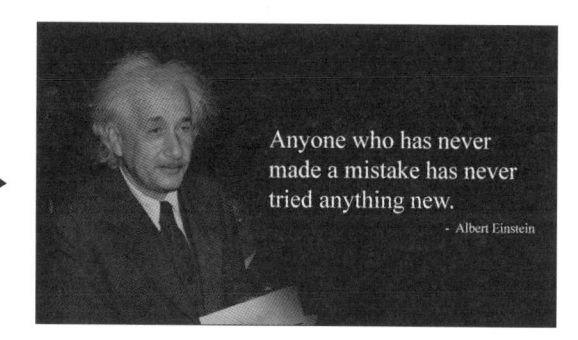

部分的に使う

写真をスライドの半面、または3分の1に配置することで、余白に文字を示すことができます。

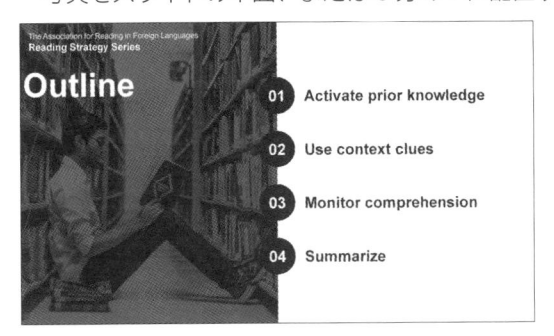 

写真を図形で切り取るのも効果的です。

 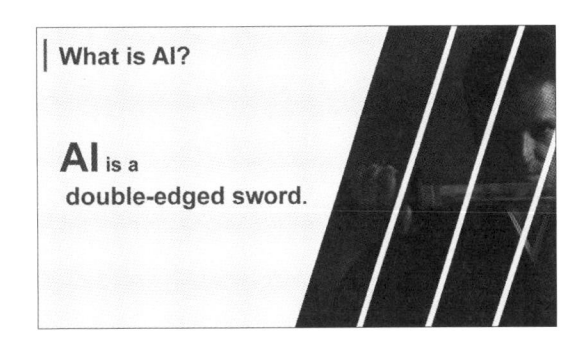

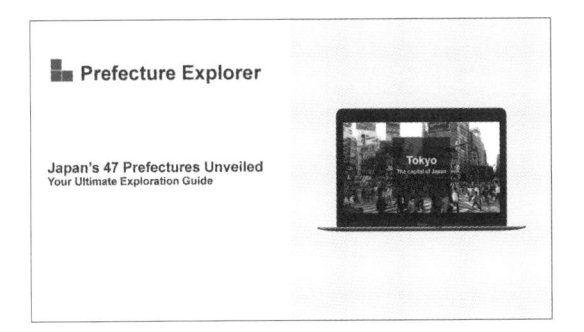

複数の写真を1枚のスライドに含めるときは、サイズを統一したり、バランスを整えたりしましょう。

 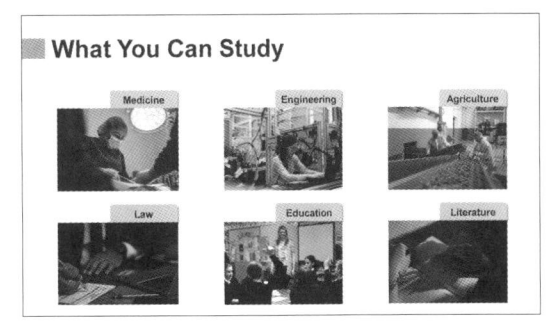

グラフ

　グラフはデータを視覚的に伝えることができます。グラフにはさまざまな種類がありますが、ここでは、円グラフ、棒グラフ、折れ線グラフの表し方について紹介します。データの性質や目的に応じて適切なグラフを選択しましょう。

円グラフ

　円グラフは全体を 100% としてひとつの要素の割合を表現するのに適しています。円グラフを作成するときは、以下の工夫を取り入れてみてください。

　円グラフでは、なるべく同系色を使い、凡例をグラフ内に示しましょう。

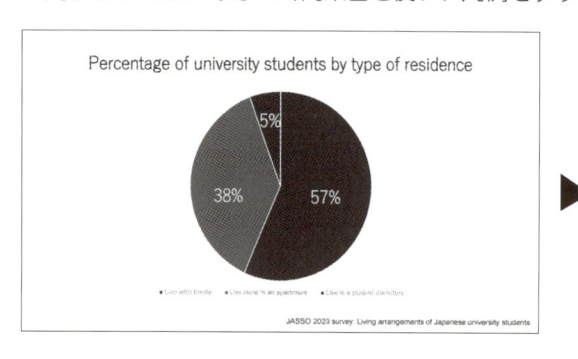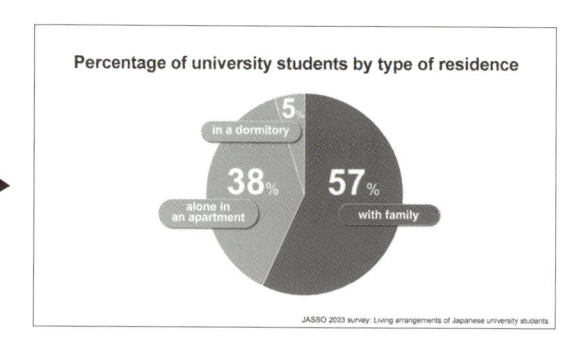

　また、この例で「半分以上の大学生が実家暮らし」という情報を際立たせたい場合は、その他の項目をグレーで塗り潰すことで強調したい部分を際立たせましょう。メッセージを書く場合は、左にグラフ、右にメッセージという構図を意識しましょう。

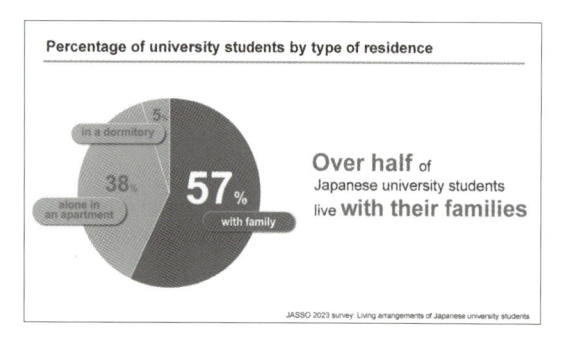

棒グラフ

　棒グラフは、人数や売上高など量の比較を表現するのに適しています。棒の高さを利用することで、データを視覚的に比較したい際に使いましょう。

　棒グラフは立体ではなく平面で示し、軸ではなく各棒の上に数字（データラベル）を示すことで瞬時に数値を理解することができます。また、棒の太さは各棒の間隔より太くしましょう。

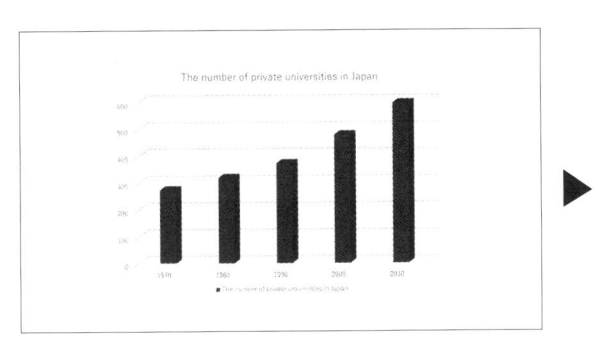 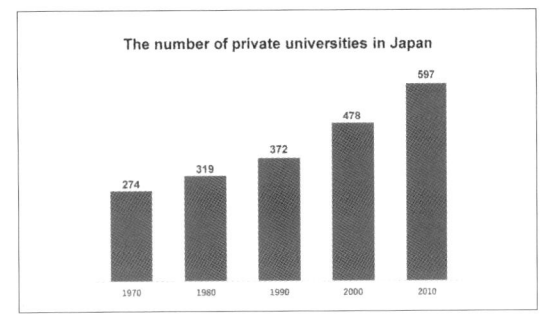

　さらに、円グラフの時と同じように、グレーとアクセントカラーを用いて主張したいメッセージを際立たせたり、文字を大きくしてメッセージを強調したりしましょう。

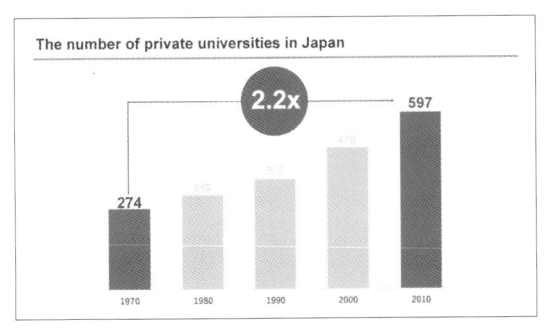 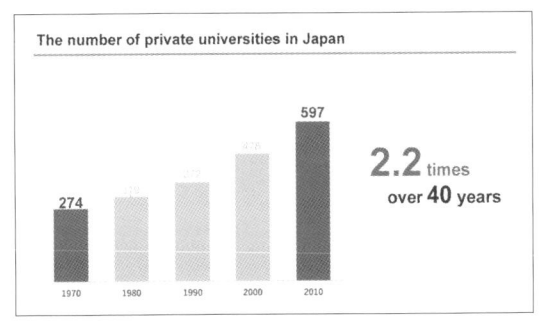

　また、順位を示すときや凡例が長い場合は、縦棒ではなく横棒を使うとよいでしょう。

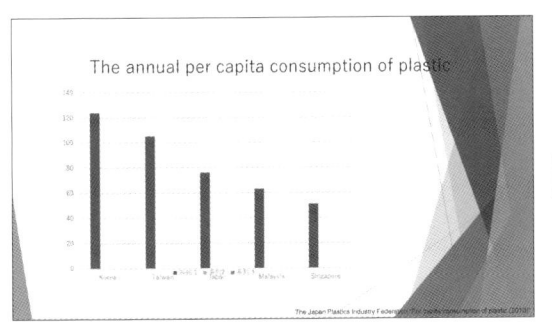 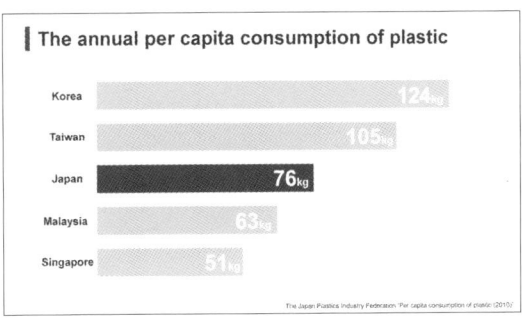

折れ線グラフ

　折れ線グラフは、複数項目の変化や率の推移を比較したいときに適しています。たとえば、棒グラフのサンプルでは私立大学の数の推移を表していましたが、国立大学の数の推移を追加して比較したい場合は、折れ線グラフの方が見やすくなります。

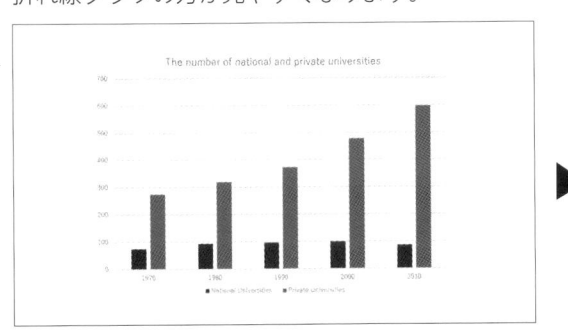 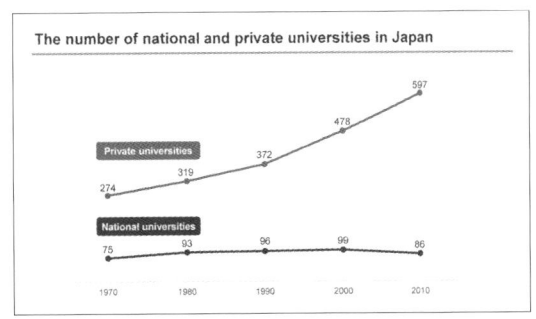

さらに、背景色や図形を用いて、伝えたいメッセージを強調しましょう。

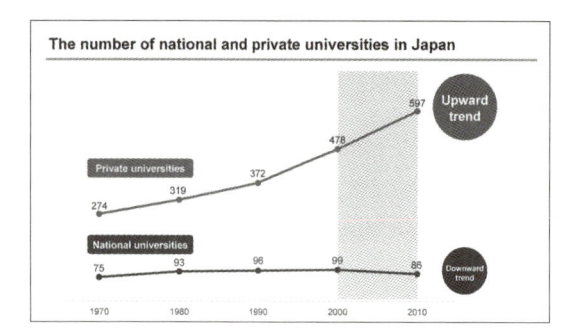

図表

図表もデータや情報を視覚的にわかりやすく伝えるうえで重要な役割を果たします。

図は関係性や構造を視覚的に示したり、複雑なアイデアやコンセプトを説明したりする際に使われます。関係性を示すときは順序、比較、対立、階層などさまざまありますが、最も多いのが並列でしょう。図を用いずに並列の内容を示そうとすると、左下のような箇条書きスライドになってしまいます。箇条書きの内容は、図で表すことでシンプルかつ視覚的に示すことができます。

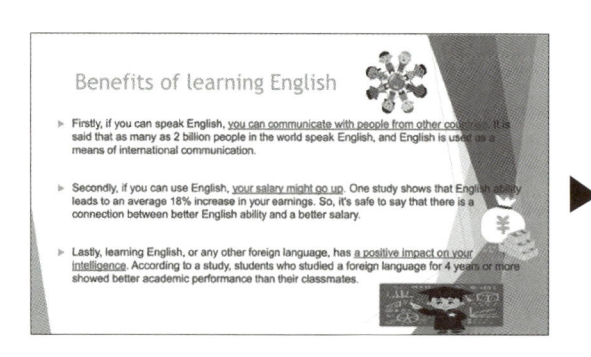 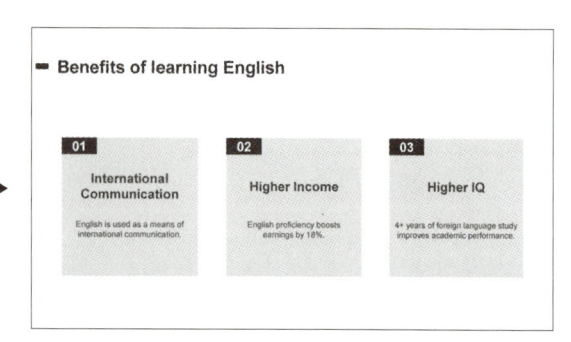

また、グレーを用いることでプレゼンの現在地を視覚的に表すことができます。話題の変わり目に用いると効果的です。

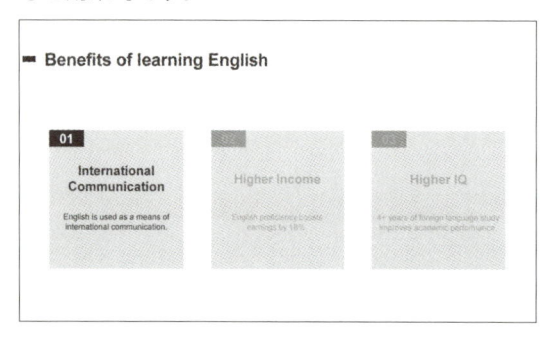 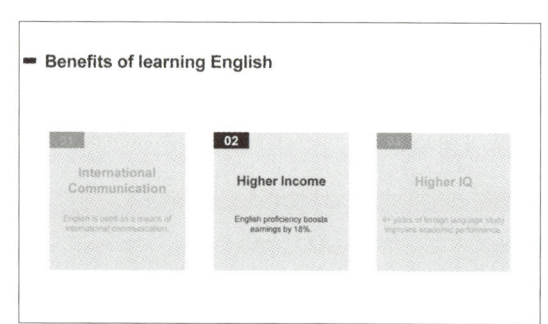

さらに、必要に応じてアイコンやイラスト、写真などのイメージを取り入れましょう。

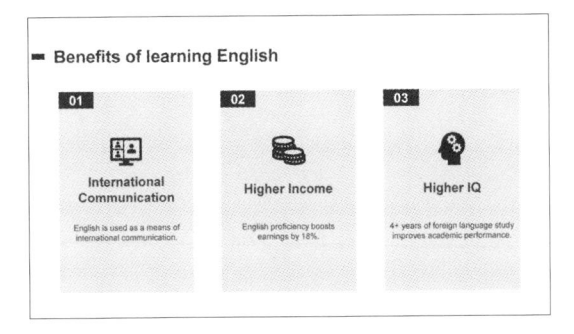 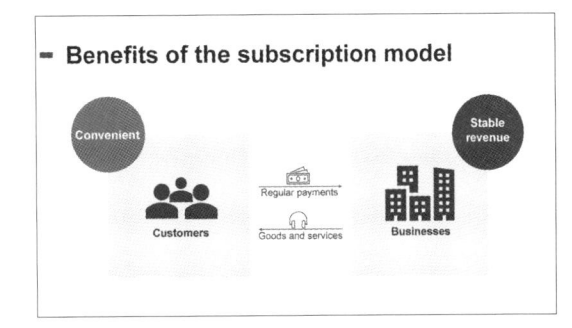

また国別、地域別の内容を示す場合は、表ではなく地図を使いましょう。

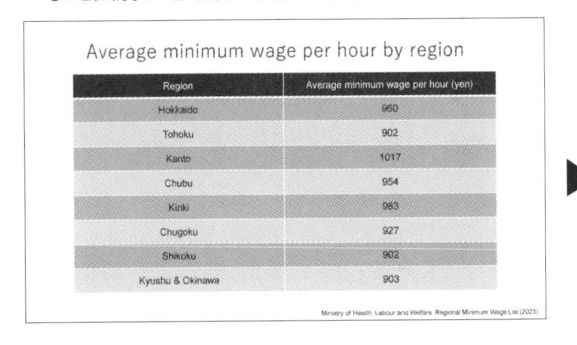 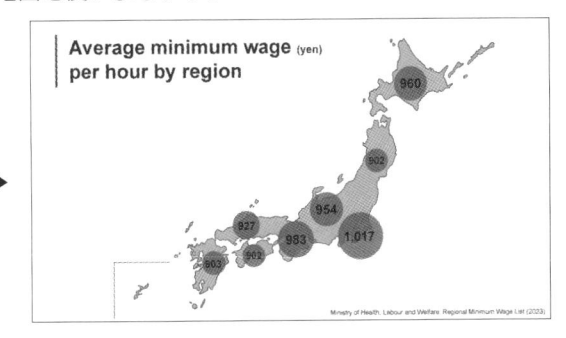

＊図形の注意点

パワポの図形にはたくさんの種類がありますが、基本的には正円・三角形・四角形・角丸四角形の 4 種類を使いましょう（正円や正四角形は、shift を押しながら図形を引き伸ばすと簡単に作成できます）。また、図形の枠線は「枠線なし」を選択しましょう。

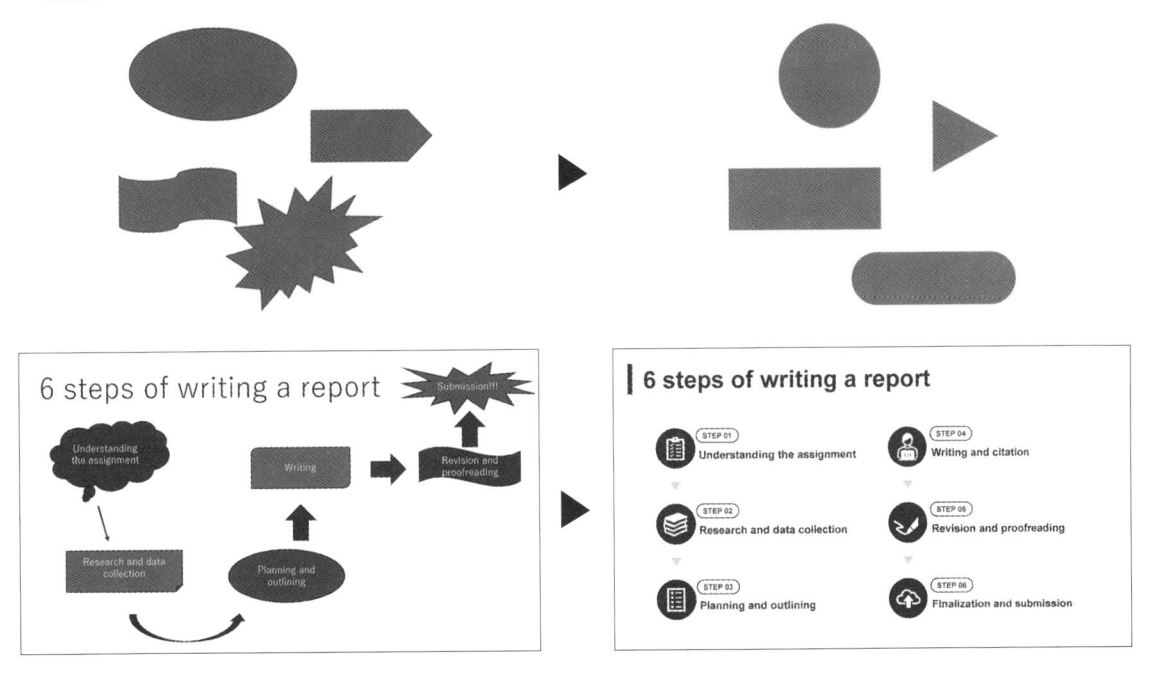

表

　表を用いることで、複数の情報やデータを整理して示すことができます。また、余分な線を取り除くことを意識しましょう。「表のデザイン」からまっさらな状態のものを選択し、必要な罫線を加えていきましょう。

　さらに、他のグラフと同じように、色（アクセントカラーやグレー）や文字の大きさにメリハリをつけて、強調したい部分を際立たせましょう。

Presentation Preparation 5

スライドの完成

以下のチェックリストを参考にし、自身のプレゼン用のスライドを作成しましょう。

スライド作成時のチェックリスト

	チェックポイント	✓
見やすさ	「見る」ことで理解する資料になっている	☐
	文字の使用は必要最低限に抑えられている	☐
	会場の最後列からでも、容易に内容を視認できる	☐
	文ではなくフレーズで表現されている	☐
	読みやすい英字フォントが使用されている（例：Arial, Helvetica）	☐
	文字の色、大きさ、太さによりメリハリがつけられている	☐
構成と論理性	表紙スライドには、タイトルと名前が書かれている	☐
	スライドの構成が論理的である	☐
	各要素に意味があり、無駄な要素がない	☐
	1スライドにつき1つのメッセージが伝えられている	☐
	文法形式に一貫性がある	☐
	誤字脱字がない	☐
	アニメーションは必要最低限に抑えられている	☐
デザインの一貫性と視覚素材の使用	全スライドで色やフォントなどが統一されている	☐
	視覚素材（写真やイラスト）が効果的に使用されている	☐
	色の使用は3色以内に限定されている（ベース、メイン、アクセントカラー）	☐
	スライド上の要素はグループ化、整列され、意図的に余白が作られている	☐
写真	内容に合った写真を用いている	☐
	写真はスライド全面や半面など見やすい配置である	☐
	写真の色に合わせた文字色が使用され、見えにくい場合は背景に半透明の図形が使われている	☐
グラフ・図表	適切なグラフが用いられている（円グラフ、棒グラフ、折れ線グラフなど）	☐
	グレーが効果的に用いられている	☐
	不要な線が除去されている	☐

本書で学んだ内容のレビュー

皆さんは 10 回のレッスンを通して、スピーチやプレゼンの構成や英語表現などの基本的な知識だけではなく、フックや修辞技法、スライドデザインといった発展的なスキルも学びました。本書で学んだことを活かし、授業での発表や将来の仕事でのプレゼンに役立ててもらえれば幸いです。

ここでは、以下の 14 の文を通して、本書で学んだ内容の復習をしましょう。これらの文には、本書で学んだこととは異なる内容が含まれています。それぞれの文を読み、何が間違っているのか明らかにし、正しい内容を考えた後、解説を確認しましょう。

1 スピーチ・プレゼンは才能やセンスによるところが大きい。

2 英語のスピーチ・プレゼンでも、起承転結の構成は日本語と同じである。

3 スピーチ・プレゼンの冒頭は、常に挨拶と自己紹介で始めるのがよい。

4 スピーチ・プレゼンでは、聞き手のためになるべく多くの情報を説明してあげるべきである。

5 スピーチ・プレゼンにかかる時間は、一度通してやってみないとわからない。

6 スピーチ・プレゼンでは、なるべく話し言葉は避け、書き言葉を意識することが重要である。

7 スピーチ・プレゼンでは、ストーリーや体験談などの個人的な話は避けた方がよい。

8 スピーチ・プレゼンでは、一定の声の大きさや速さで話すことで安定感が生まれ、聞き手を惹きつけることができる。

9 スピーチ・プレゼン中、「間」はなるべく避け、スムーズに話す方がよい。

10 スピーチ・プレゼンで最も重要なのは内容なので、原稿を読んでもかまわない。

11 自然なスピーチ・プレゼンをするため、練習は必要最小限に留めておくべきである。

12 聞き手があなたの話を理解していないとき、それは聞き手の理解不足が原因である。

13 キャッチフレーズはひらめきによって生まれる。

14 パワーポイントのスライドは印刷し、資料として聞き手に配布するのが好ましい。

解説

1 得意や苦手という意識はあると思いますが、才能やセンスは関係ありません。自転車に乗れるようになるのと同じように、実際にはスキルやテクニック、準備、練習が大きな要素です。誰でも効果的なスピーチやプレゼンをすることができるようになります。**Lesson 1**

2 一般的に、英語のスピーチ・プレゼンは「序論－本論－結論」で構成されます。一方、起承転結は詩や物語でよく用いられる構成です。**Lesson 1**

3 挨拶と自己紹介で始めることが適切な場面もあるかもしれません。しかし、聞き手がすでにあなたの名前や役職を知っていたり、司会があなたのことを紹介している場合は、改めて自己紹介をする必要はありません。スピーチ・プレゼンの出だしはあなたの第一印象を決めたり、聞き手の関心を惹きつけたりする絶好のタイミングです。効果的なフックを用いるようにしましょう。 Lesson 2

4 多くの情報を詰め込みすぎると、聞き手が混乱してしまう可能性があります。重要なポイントは、3 点（マジックナンバー 3 の法則）に絞って、明確で簡潔に伝えると効果的です。「Less is more.（過ぎたるは及ばざるがごとし）」を意識しましょう。 Lesson 3

5 WPM（Words Per Minute）を用いて語数を設定し原稿を作成することで、おおよその発表時間を知ることができます。 Speech Preparation 3

6 スピーチ・プレゼンは聞き手とのコミュニケーションです。話し言葉の方が自然で親しみやすい印象を与えます。書き言葉を使うと、堅くて距離感のある印象を与える可能性があります。

Speech Preparation 3

7 ストーリーや体験談は、聞き手に親近感を与えたり、聞き手の共感を得たりするうえで効果的な手法です。数字やデータだけではなく、感情を含むストーリーを取り入れましょう。 Lesson 4

8 単調な話し方では退屈に感じられてしまいます。声の強弱や話す速度を変えることで、メッセージを強調したり、聞き手の注意を引きつけたりすることが重要です。 Lesson 5

9 「間」は効果的なテクニックです。質問を投げかけた後や重要な内容を言う前には十分な間をとるようにしましょう。 Lesson 5

10 原稿を読み上げる発表をするぐらいなら、その原稿を配布して聞き手に読んでもらった方が効率的でしょう。アイコンタクトや表情もメッセージに大きな影響を与えることを意識しましょう。 Lesson 5

11 十分に練習をすることで、余裕が生まれ、自然さが出てきます。 Lesson 5 コラム

12 聞き手が理解していない場合、話し手の説明が不十分であったり、わかりにくかったり、専門用語が多すぎたりする可能性があります。聞き手に合わせた言葉選びやたとえを用いることが重要です。

Lesson 8

13 修辞技法を学んで用いることで、記憶に残る言葉（キャッチフレーズ）を作ることができます。

Lesson 9

14 文書資料と視覚資料の違いを確認しましょう。パワーポイントは、話の内容を視覚的に補うためのツールです。もし配布されたスライドの印刷物を見て内容を理解できるのであれば、そもそもプレゼンをする必要はありません。スライドでは、写真や図表、グラフなどの視覚情報を示し、メッセージは話し手が伝えましょう。資料として印刷物を配布する場合は、詳細にまとめたドキュメントを用意し、プレゼン後に配布しましょう。 Lesson 10

著者 profile

佐伯 卓哉 （Takuya Saeki）

早稲田大学高等学院教諭（英語）。早稲田大学文化構想学部を卒業。2015 年に皇太子明仁親王奨学金を受賞し、ハワイ大学マノア校第二言語研究科修士課程に進学。2017 年に同課程を修了。これまでに高校や大学で延べ 500 名近くの英語プレゼンテーションの指導に携わる。

英文校閲　Jon Nacht
音声収録　一般社団法人 英語教育協議会（ELEC）
装丁・デザイン・本文イラスト　藤原志麻
協力　クリエイド・ラーニング株式会社

....

伝わる英語スピーチ & プレゼンテーション

....

2024 年 10 月 10 日　初版第 1 刷発行

著者　　佐伯卓哉

発行　　岡野秀夫
発行所　株式会社 くろしお出版
　　　　〒 102-0084　東京都千代田区二番町 4-3
　　　　Tel: 03-6261-2867

印刷・製本　シナノ書籍印刷株式会社

....

ISBN 978-4-87424-984-0 C1082 Printed in Japan